€ 17,90

Anna Kim
Der sichtbare Feind

Anna Kim

Der sichtbare Feind

Die Gewalt des Öffentlichen
und das Recht auf Privatheit

Aus der Reihe »UNRUHE BEWAHREN«

Residenz Verlag

Unruhe bewahren – Frühlingsvorlesung & Herbstvorlesung.
Eine Veranstaltung der Akademie Graz in Kooperation mit dem GrazMuseum
und DIE PRESSE.

Die Herbstvorlesung zum Thema »Das Öffentliche und das Private« fand
von 3. bis 5. November 2014 im Kulturzentrum bei den Minoriten in Graz statt.

Bibliografische Information der Deutschen Nationalbibliothek
Die Deutsche Nationalbibliothek verzeichnet diese Publikation in der
Deutschen Nationalbibliografie; detaillierte bibliografische Daten sind
im Internet über http://dnb.dnb.de abrufbar.

www.residenzverlag.at

© 2015 Residenz Verlag
im Niederösterreichischen Pressehaus Druck- und Verlagsgesellschaft mbH
St. Pölten – Salzburg – Wien

Alle Rechte, insbesondere das des auszugsweisen Abdrucks und das der
fotomechanischen Wiedergabe, vorbehalten.

Umschlaggestaltung: Kurt Dornig
Typografische Gestaltung, Satz: Ekke Wolf
Lektorat: Jessica Beer
Gesamtherstellung: CPI Moravia Books
ISBN 978 3 7017 1639 5

Die errechnete Gegenwart

> *Nur der Dschungel gebärt und verwest,*
> *wie die Natur will. Der Mensch plant.*
> Max Frisch, *Homo Faber*

1. Zufälle

Ich wollte ursprünglich mit einer Neuerzählung der ersten Seiten aus *Homo Faber* beginnen; ich wollte erzählen, wie Walter Faber es schafft, sich während einer Zwischenlandung auf einer öffentlichen Toilette zu verstecken, sodass das Flugzeug ohne ihn weiterfliegen muss, und er über Umwege und Zufälle auf seinen besten Freund trifft, der ihn wiederum zu seiner Tochter führt, die er jedoch nicht als solche kennenlernt. Eigentlich wollte ich erzählen, wie Fabers spontaner Impuls fast im Keim erstickt worden wäre, weil das GPS-Signal seines Smartphones seinen Standort verraten hat, wie ihn aber die Technik rettet, indem ihm das Google Glass, das er im letzten Moment aus der Tasche hervorzieht, signalisiert, dass es sich bei dem Mann, der ihm auf der Herrentoilette entgegenwalzt, der jedoch ausgerechnet an jenem Morgen seinen Ausweis im Büro vergessen hat, also von einem Mitpassagier ununterscheidbar ist, um einen Mitarbeiter des Bodenpersonals handelt, und wie Faber daher – im allerletzten Moment – auf einer am Fenster vorbeifliegenden Drohne entkommt.

Nun ist mir bei einer erneuten Lektüre aufgefallen, dass ich mir die Handlung des Romans falsch gemerkt habe, die Geschichte verläuft anders: Faber wird gefunden, allerdings auf veraltete Weise (durch einen Zufall, menschliche Neugierde sowie eine eifrige Stewardess), besteigt eine ebenso veraltete Flugmaschine, ein viermotoriges Verkehrsflugzeug (eine Super-Constellation), bei der zwei Motoren ausfallen, sodass der Pilot in der Wüste notlanden muss. Hätte es damals Google-Brillen gegeben und Faber eine auf der Nase gehabt, hätte er sofort gewusst, dass es sich bei seinem Sitznachbarn Herbert um den Bruder seines ehemals besten Freundes Joachim handelt, und er hätte gewusst, warum ihm der Deutsche, der »sich vorstellte, noch ehe er angeschnallt war«, so bekannt vorkam.

Natürlich, wenn der Roman im einundzwanzigsten Jahrhundert spielen würde, wären Walter, Herbert und Joachim auf Facebook, sie wären sogar Facebook-Freunde, Hanna wäre anfangs auch mit ihnen befreundet gewesen, hätte sich aber zuerst von Walter, danach von Joachim entfreundet; Herberts Freundschaftsanfrage hätte sie abgelehnt. Es wäre gar nicht möglich gewesen, einander all die Jahre und so gründlich aus den Augen zu verlieren, und auch Ivy, Fabers Geliebte, hätte sich mit diesem gar nicht erst eingelassen, da ihr das Internet erklärt hätte, dass dieser Mann mit 88-prozentiger Wahrscheinlichkeit ihre

Wiederverheiratungspläne abschmettern würde, vielleicht auch bloß 78-prozentiger, wenn das Internet bedenkt, dass Hanna ihn praktisch vor dem Altar, das heißt vor dem Standesbeamten, sitzen ließ, also die Absicht zu heiraten einst bestand. Vielleicht würde das allwissende Netz Ivy ebenso mitteilen, auf welchen Online-Dating-Plattformen Walter Faber ein Konto hat, wie viele Dates er bereits abgeschlossen hat und wie viele noch auf ihn warten. Und er, der Ausspionierte, hätte nicht vor ihr auf ein Schiff zu flüchten brauchen und wäre so Sabeth niemals begegnet.

An dieser Stelle möchte ich einhaken: Angenommen, Walter Faber hätte an Bord des Schiffes eine Google-Brille getragen, unerkennbar für seine Umgebung natürlich – bald wird man sie in normale Brillen einbauen können und sogar in Kontaktlinsen, die Forscher und Entwickler arbeiten bereits fleißig daran –, dann hätte ihm der Mini-Computer an seiner Schläfe mitgeteilt, dass es sich bei der jungen Frau um die Tochter seiner Jugendliebe handelt. Geburtsort und -datum hätte er ebenfalls ausgespuckt, und die Schwangerschafts-Berechnung, ob es sich bei diesem Lebewesen um seine leibliche Tochter handeln könnte, hätte Faber getrost dem Computerhirn überlassen können, wahrscheinlich hätte ihn dieses vor einer inzestuösen Beziehung mit Sabeth gewarnt, eine künstliche Frauenstimme hätte ihm zugeflüstert, dass es sich mit 98-prozentiger Wahrscheinlichkeit um seine leibliche Tochter handle und er seine Finger von ihr lassen solle. Sabeth ihrerseits hätte ebenfalls eine Google-Brille getragen, eingebaut in die modische Sonnenbrille, die sie vor Sonne und schlechten Einflüssen schützen soll, und so hätte sie über das Abonnement der Firma, die Informationen über Individuen sammelt und verkauft, erfahren, dass es sich bei dem Fremden, der sich mit ihr anfreunden will, um ihren leiblichen Vater handelt.

Doch im Grunde wäre all das nicht notwendig gewesen, denn Walter hätte kurz nach Sabeths Geburt Hannas Twitter-Meldung gesehen:

Hanna Piper @hannapiper: Ich bin Mutter ☺!

Auf LinkedIn hätte Hanna bekannt gegeben, dass sie demnächst auf Mutterschaftsurlaub gehen wird, und auf Flickr hätte sie Fotos des Babys veröffentlicht, mit adretten Bildunterschriften. Auch wenn sich Hanna von Walter auf Facebook entfreundet hätte, wäre es für Walter leicht gewesen, Einblicke in Hannas und Elisabeths Leben zu erhalten; für viele Jahre spurlos zu verschwinden, bedarf heutzutage einer digitalen Enthaltsamkeit, die mit einer veritablen Anstrengung verbunden ist –

übertreibe ich? Heutzutage wird es als *Virtual Identity Suicide* bezeichnet, wenn man sein Profil auf Facebook löscht, man kann dies selbst tun oder seinen Suizid bei einem Programm, der *Suicide Machine,* bestellen.[1] Und auch die User-Zahlen unterstützen die Theorie des unaufhaltsamen Vormarsches des virtuellen sozialen Lebens: Facebook verzeichnete Ende Jänner 2014 insgesamt 1,228 Milliarden User weltweit, davon 282 Millionen in Europa[2] – 27,38 Millionen in Deutschland und 3,24 Millionen in Österreich[3]. Instagram, der Fotodienst, der von Facebook gekauft wurde, gab im März dieses Jahres an, dass er nun von mehr als 200 Millionen Menschen benutzt würde[4], Twitter hat 232 Millionen aktive User weltweit, Google+ 300, Xing 12,65, davon 5,91 Millionen in Deutschland, Österreich und der Schweiz[5], usw. Die Liste der Sozialen Netzwerke, die zurzeit online sind, ist lang, es gibt Flickr, Foursquare, Last.fm, Delicious, Scribd, Slideshare, Covestor, Pinterest, tumblr, Goodreads und WhatsApp, um nur einige zu nennen. Bei jeder Plattform muss man registriert sein, um mitmachen, das heißt, seinen digitalen Kopf-, Hand- und Fußabdruck hinterlassen zu dürfen, und jedes Netzwerk bedankt sich, indem es sich jeden Besuch merkt.

Wie kann es unter diesen Umständen (bei diesen Zuständen) noch zu Zufallsbegegnungen kommen? Ein Walter Faber, der von einem Zufall zum nächsten taumelt, erscheint in der heutigen Welt als Anachronismus (und vielleicht sogar als asozial, denn es erfordert eine gewisse Entschlossenheit, sich all dem zu verweigern). Die Netzgemeinschaften ermöglichen das Teilen, teilen im Internet-Sinn bedeutet so viel wie: zeigen, zum Mitmachen einladen, austauschen. Ihr Prinzip ist das eines Clubs, man muss Mitglied sein, um sich etwas zeigen lassen zu können und selbst etwas zeigen zu dürfen – wobei das Selbst nicht unbedingt das tatsächliche Selbst sein muss: Man kann unter einem anderen Namen mitmachen oder sich überhaupt eine vollkommen andere Identität zulegen, ein anderes Geschlecht, ein anderes Alter, eine andere Lebensgeschichte. So gesehen sind sehr wohl Zufälle möglich, ebenso Zufallsbegegnungen: Doch falls sich zwei Freunde in der virtuellen Welt begegnen, beide ausgestattet mit einer Internet-Identität, werden diese wohl kaum dahinterkommen, dass es sich bei der *gefälschten* Person, mit der man gerade chattet und Musik austauscht, um diesen einen Freund handelt, da bedürfte es schon der zufälligen Enthüllung durch einen Dritten (der aber ebenfalls unter einem Pseudonym operieren könnte); die Wahrscheinlichkeit, dass dies passiert, ist gering und soll gering bleiben. Zufallsenthüllungen sind nicht erwünscht, und Begegnungen, die verhüllt stattfinden, werden äußerst selten enthüllt, nur, wenn es zu einem Zusammenstoß der digitalen mit der realen Welt kommt.

In der digitalen Welt sind Zufälle Regeln unterworfen, es gibt Sphären, in denen sie auftreten dürfen, ja, auftreten sollen, etwa auf jenen Plattformen, auf denen es darum geht, einen ehemaligen Klassenkameraden wiederzufinden, auch hier sind Zufälle nötig, um diese Begegnung möglich zu machen, aber hier wird ihre Wahrscheinlichkeit erhöht, sie *sollen* stattfinden. Dann wieder gibt es virtuelle Orte, an denen Zufälle nichts zu suchen haben, also gar nicht erst eingelassen werden, wie zum Beispiel auf Online-Marktplätzen, in Online-Kaufhäusern. Auf Dating- und Sex-Plattformen hingegen wird die Zufälligkeit der Begegnung gesteuert, man kann Parameter eingeben, die den Zufall in die richtige Richtung schubsen, man möchte ja nicht mit jedem ein Date haben. Selbst die Werbung, die gezeigt wird, ist auf den Nutzer abgestimmt, auch hier darf der Zufall nicht mitmischen. Die virtuelle Welt ist eine Welt ohne echten Zufall, der Zufall gehört zur realen Welt, und nur dann, wenn beide aneinandergeraten, kommt es zu einer Ruptur in der virtuellen Welt –

der Zufall ist das Gegenteil von Transparenz: Er ist undurchschaubar, undurchsichtig, ziellos und zwecklos, er lässt einen wissen, über wie wenig Wissen man verfügt, Unwissen ist sein Zwilling, Chaos sein Kind. Durch Zufälle erfahren wir von Zusammenhängen zwischen uns und anderen, sie eröffnen sich wie die Verbindungen von Straßen, die man erst versteht, wenn man sie abgefahren ist, gefahren, nicht gegangen, denn Zusammenhänge brauchen Geschwindigkeit; Zufälle passieren scheinbar schnell, tatsächlich geschehen sie ohne unser Wissen, aber mit unserer Hilfe, unsere Mitwirkung bleibt uns selbst verborgen, oft erfahren wir erst Jahre später von unserer Rolle in diesem Komplott.

Zufälle sind *autogam*, sie generieren selbst neue Zufälle, allerdings auf der Basis von Uninformiertheit und der Unmöglichkeit, alles zu wissen; Faulheit ist auch hilfreich für den Zufall – wir fragen meistens nur nach den Dingen, die uns absolut notwendig erscheinen, den Rest blenden wir aus, diese Lücke nützt der Zufall aus, um sich einzunisten und den nächsten Streich vorzubereiten. Zufälle setzen Unwissen voraus, sie produzieren aber auch neue Quellen des Unwissens und, natürlich, das Ungewisse. Das Smartphone, der Gesandte, der *Botschafter* des Internets, ist der natürliche Feind des Zufalls, es schaltet sich ein, im wahrsten Sinne des Wortes, wann immer der Zufall eine Rolle spielen könnte, und schaltet ihn aus. Nicht nur unser Unwissen reduziert das Smartphone, auch die Möglichkeit von sozialen Interaktionen mit Fremden, wir sind nicht mehr darauf angewiesen, nach dem Weg zu fragen, wir fragen unser Handy, auch beim Warten versenken wir uns in unser Internetgerät, das Warten besteht nicht mehr aus Warten, dem langsamen Nachspüren von Zeit, sondern aus Surfen, Lesen und Tippen; das Planlose, das Chaos kann kaum noch zuschlagen. Heute in einem Flughafen verloren zu gehen, ist unmöglich, nicht nur, aber vor allem, weil man mithilfe seines GPS-Signals sofort gefunden würde, man müsste wirklich verloren gehen wollen, also das Ortungsgerät ausschalten, um verloren gegangen zu sein. Als Verlorengegangener dürfte man keine Kreditkarten mehr verwenden, keine Bankomatkarten, man dürfte nichts mehr aus dem Internet bestellen, auch keine Flugtickets oder Bahnkarten, man müsste wissen, wo sich Überwachungskameras an öffentlichen Orten wie Bahnhöfen, Flughäfen und Einkaufszentren befinden, damit man diesen ausweichen kann. Schließlich wäre man auf die Hilfe vollkommen Fremder angewiesen, auf Zufallsbegegnungen und auf die Zufälle, die sich ergeben, weil man vollkommen ahnungslos ist.

»Der Roboter erkennt genauer als der Mensch«, sagt Walter Faber, »er weiß mehr von der Zukunft als wir, denn er errechnet sie.«[6] Eine errechnete Zukunft scheint (auf den ersten Blick) weniger furchteinflößend als eine nicht errechnete, ungewisse; eine Zukunft, oder besser gesagt: eine Gegenwart in der Zukunft, die ohne Zufälle auskommt, in der die Möglichkeit von Zufällen eliminiert ist, ist, zumindest scheinbar, eine undramatische, untragische Gegenwart –

all die Zufälle, die schließlich zu einer Vater-Tochter-Beziehung der unaussprechlichen Art führen, weil die

Mutter unaufrichtig war und der Vater lediglich über ein menschliches Gehirn verfügt, all die Zufallsbekanntschaften, die in Abgründen münden, Suizid in Guatemala bei offenem Fenster und laufendem Radio nur als *ein* Beispiel, all dies zu verhindern, ist, als verhinderte man ein Verbrechen, bevor das Verbrechen verübt wird; was bleibt, ist die Sicherheit, keiner Unsicherheit ausgesetzt zu sein.

Heute gilt es, Zufälle einzugrenzen, auszugrenzen, sie in die Epoche der Super Constellations zu verbannen – nicht nur die Privatsphäre ist veraltet, auch der Zufall ist es! Wenn wir es schaffen, die Zukunft errechenbar zu machen, also alle Faktoren auszuschalten, die dies sabotieren, verhindern, sind wir dann dem, was wir Glück nennen, näher gekommen? Immerhin würden wir effizienter all die Situationen vermeiden, die uns unangenehm sind; vielleicht wäre es nicht Glück, aber wenigstens *Angenehmheit*, und Angenehmheit über einen längeren Zeitraum, kommt dies nicht dem nah, was wir Glück nennen?

In einer errechneten Zukunft spielt Freiheit nur eine untergeordnete Rolle, denn ohne die Freiheit zu entscheiden, ohne die Spontaneität, die Freiheit in sich birgt, sind Zufälle nur begrenzt möglich und schließlich, das wäre das Ziel dieser *Maschinerie*, sogar vom Aussterben bedroht. Die Informationen, die uns schon jetzt umgeben, bestimmen nicht nur den Alltag, das heißt die unmittelbare Gegenwart, sondern auch das Kommende; das ist nichts Neues, das war schon immer so. Die Funktion von Information ist es schließlich, unserem Leben, unseren Handlungen eine Richtung zu geben, Freiheit war und ist niemals unbegrenzt, Freiheit folgte immer schon und folgt

noch immer einem einzigen Prinzip: der vermeintlichen Erfüllung unserer Wünsche –
vermeintlich, denn nicht selten kippt das ersehnte Ergebnis in sein Gegenteil. Transparenz, die Formel für eine errechnete Gegenwart und berechenbare Zukunft, minimiert Zufälle, indem sie die Lücken, durch die Zufälle in unser Leben schlüpfen, stopft, indem sie die Schwellen und Übergänge, die »Zonen des Geheimnisses, der Ungewissheit, der Verwandlung, des Todes, der Furcht, aber auch die der Sehnsucht, der Hoffnung und des Erwartens«[7], die Zufälle ausnützen, glättet. Und dadurch, dass sie letztlich die Freiheit der Mehrheit reduziert, reduziert sie scheinbar auch die Distanz zu unseren unerfüllten Wünschen.

2. Berechenbare Zukunft

»Transparenzgesellschaft« nennt Byung-Chul Han unsere heutige Gesellschaft und schreibt sehr treffend: »Transparent werden die Handlungen, wenn sie operational werden, wenn sie sich dem berechen-, steuer- und kontrollierbaren Prozess unterordnen. (...) Transparent werden die Dinge, wenn sie ihre Singularität ablegen und sich ganz in Preis ausdrücken. Das Geld, das alles mit allem vergleichbar macht, schafft jede Inkommensurabilität, jede Singularität der Dinge ab.«[8] Ziel dieser Übung ist das Transparentmachen von Zeit, das Optimieren der Zukunft, was bedeutet, die Zeit in eine »Abfolge verfügbarer

Gegenwart« zu verwandeln: Gegenwart, nicht Zukunft. Gegenwart ist die steuerbare Zeit, Zukunft ist unberechenbar. So kann eine Metamorphose herbeigeführt werden, die Metamorphose der Zukunft in eine »Gegenwart ohne Schicksal und Ereignis«.

Han schildert das Konzept Transparenz als ein allgegenwärtiges, das nicht nur als Mittel gegen Korruption ins Spiel kommt; lediglich Sprache entzieht sich ihr. Der Sprache wohne, zitiert Han Humboldt, eine »fundamentale Intransparenz« inne, es gebe kein Wort, bei dem alle ein und dasselbe denken: »Die noch so kleine Verschiedenheit zittert, wie ein Kreis im Wasser, durch die ganze Sprache fort. Alles Verstehen ist daher immer zugleich ein Nicht-Verstehen, alle Übereinstimmung in Gedanken und Gefühlen zugleich ein Auseinandergehen.«[9] Und doch scheint es, selbst auf sprachlicher Ebene, zu einer Nivellierung zu kommen, Vokabular und Satzbau werden immer eintöniger, uniformer, der individuelle Stil wird aufgrund seiner Tendenz zur Anhäufung von Missverständnissen unbeliebter, der lange Satz aufgrund seiner Fehleranfälligkeit kürzer. Nur eine gleichgeschaltete Gesellschaft garantiert die Stabilität des Systems, nur diese kann eine störungsfreie Zirkulation von Informationen garantieren, und wie wichtig ist es, Garantien vergeben zu können: Die Garantie ist der heilige Gral der Transparenzgesellschaft.

Dem Nivellierungszwang fällt alles Fremde und andere zum Opfer, es kann nicht anders sein. Alles, was aus der Reihe tanzt, gefährdet das System, dessen natürlicher Feind der Mensch ist, also muss auch dieser nivelliert werden: »Der Transparenzzwang nivelliert den Menschen selbst zu einem funktionellen Element des Systems. Darin besteht die Gewalt der Transparenz.«[10]

Dass Han diese (unsere) Gesellschaft eine totalitäre nennt, ist unvermeidlich, seine Argumentation einleuchtend, und doch regt sich in mir Widerstand, Widerspruch, seine Worte scheinen ein Zukunftsszenario zu beschreiben, nicht die Gegenwart, die Transparenz ist noch nicht bis in sämtliche Gesellschaftsschichten vorgedrungen, das Individuum noch nicht ausnivelliert, oder doch? Dann schleicht sich der Verdacht ein, dass es sich bei Hans Theorie keinesfalls um eine Dystopie handelt, wir sind dabei, unser Leben in eine maschinell auswertbare Version seiner selbst umzugestalten, die Veränderungen sind im Gange, unsere Vorlieben, unsere Abneigungen sind bereits in für Maschinen lesbare Formate eingespeist, die Dinge, die auf den Formularen keinen Platz haben, werden weggelassen, für den Moment; vielleicht werden sie auch in Zukunft weggelassen werden, denn obwohl es heißt, wir würden unsere Computer erziehen, sind es doch die Computer, die uns erziehen, falsch, *das* nehme ich zurück: Es sind nicht die Maschinen, die uns umbilden, es sind jene Menschen, die die Maschinen programmiert haben, deren Gehirnen und Gedankengängen passen wir unsere an, deren Formulare sind es, die wir ausfüllen, deren Welt ist es, der wir unsere übereignen.

Ein Symptom: die Rankings. Es begann harmlos, die ersten Top-10-Listen, die schon immer, allerdings am Rande, eine Rolle spielten, vermehrten sich, aus der einen Bestsellerliste wurden viele Bestenlisten, aus den Rezensionen wurden Ein-Satz-Zusammenfassungen, deren Sterne-Über- oder Unterschrift mittlerweile wichtiger ist als die Worte; diese müssen sich den Sternchen unterordnen bzw. die Sterne sind es, die den Worten Gewicht verleihen oder entziehen. Dies sind nur Beobachtungen aus dem Bücheralltag, auch Lehrerinnen und Lehrer werden bewertet, Ärztinnen und Ärzte, Handwerkerinnen und Handwerker, kleine Firmen, große Betriebe, als Nächstes wird es ein Ranking der hübschesten Straßennamen geben, danach eines der längsten, kuriosesten, kürzesten; schließlich wird in unseren Städten alles mit einem Stern versehen sein, die älteren Straßenbahnen werden nur einen oder maximal zwei bekommen, die neueren vier oder fünf, vielleicht wird es auch umgekehrt sein, und die älteren Modelle werden vier bekommen, fünf aus sentimentalischen Gründen, die neueren aber nur einen, weil man in ihnen geschubst wurde, oder weil sie zu ruckartig anfuhren, sodass der Kaffee auf dem Kopf der sitzenden Dame landete und nicht, wie vorgesehen, im Mund. Es ist ein lustiges Spiel, sich auszumalen, was man noch bewerten könnte und wie. Eigentlich sollten die Sterne abgelöst werden, sie stehen doch nicht über der Bewertung? Ich sage: Rankt die verdammten Sterne! Ich gebe ihnen drei Frösche, denn ich finde, es gehört mehr Natur in unsere verstädterte Welt... Neulich habe ich gesehen, dass auf einer Ernährungsplattform Gemüse bewertet wurde, die Gurke bekam zu meinem Bedauern nur einen Stern, ich habe *zurückgesternt*, nun hat sie zweieinhalb –

wie eine Manie hat sich das Bewerten verbreitet: Jeder ist Richter, jede ist Richterin. Die Bewertung ist selten eine wohlwollende, sie ist eher ein Richtspruch, ein Urteil, im Grunde eine Verurteilung, denn Platz für einen Einspruch gibt es nicht, schon gar nicht für einen Freispruch. Die Gesellschaft des Internets ist keineswegs eine pluralistische, sondern eine mediokre: Es zählt der Durchschnitt. Insofern könnte man durchaus der Versuchung erliegen und sagen, hier herrscht Egalität, hier gibt es keine Schweine, die gleicher sind, jede Stimme zählt tatsächlich nur ein einziges Mal, doch es wäre naiv, zu glauben, dass dies stimmt. Wie jedes System kann und wird auch das der Stimmenzählung unterwandert und missbraucht, diesmal von jedem: Die neu gefundene Macht der Anonymität erlaubt nur zu einfach, jede Form von Gewalt in der virtuellen Welt auszuleben, unter diesen Phänomenen ist Cyber-Mobbing das häufigste und beschränkt sich nicht nur auf Jugendliche, auch Online-Vergewaltigungen häufen sich (googeln Sie nur »Grand theft auto« und »rape«).

Die virtuelle Öffentlichkeit ist eine Öffentlichkeit der Extreme: Solange sie anonym agieren darf, verurteilt und bestraft sie, ist verbal und sogar virtuell gewalttätig, sobald ein Name und ein Gesicht das Repräsentieren unvermeidbar machen, zwitschert sie mit möglichst eindeutigen Worten aus dem Nähkästchen (Alltag) und vergibt Sterne und *Likes:* Es sei bezeichnend, schreibt Han, dass »Facebook sich konsequent weigerte, einen *Dislike*-Button einzuführen. Die Positivgesellschaft meidet jede Spielart der Negativität, denn diese bringt die Kommunikation ins Stocken. Ihr Wert misst sich allein an der Menge und Geschwindigkeit des Informationsaustausches. Die Kommunikationsmasse erhöht auch ihren ökonomischen Wert. Negative Verdikte beeinträchtigen die Kommunikation.

Auf *Like* folgt schneller die Anschlusskommunikation als auf *Dislike*. Die Negativität der Ablehnung lässt sich vor allem nicht ökonomisch verwerten.«[11] Nach der Fußballweltmeisterschaft im Juli 2014 veröffentlichte Facebook die Meldung, dass sich von 12. Juni bis 13. Juli 350 Millionen Menschen auf Facebook getroffen hätten, um 3 Milliarden Interaktionen (*posts*, Kommentare und *Likes*) durchzuführen.[12] Dabei geht es um das Vorführen und Ausstellen eines Bilderbuchlebens, das bloße Dasein ist bedeutungslos: »Alles, was in sich ruht, hat keinen Wert mehr. Den Dingen wächst nur ein Wert zu, wenn sie gesehen werden.«[13] Nichts geht über den Schein, und da es sich lediglich um eine Scheinwelt handelt, die abgehört, abgeschrieben und katalogisiert, ausspioniert wird, hält sich die Aufregung über Abhörskandale in Grenzen. Zudem beweist Ruhe angesichts solcher Meldungen, dass man ein gutes, reines Gewissen besitzt; in einer Transparenzgesellschaft ist jeder verdächtig, der sich nicht bloßlegt. So rangieren die Abhörskandale im Ranking der Skandale auf den unteren Plätzen, Sexskandale über alte Politiker, die sich an Hausmädchen vergreifen, halten sich länger in den Schlagzeilen, und auch bei der Diskussion um Edward Snowden scheinen die geleakten Informationen weniger interessant zu sein als seine Person (das heißt: die juristischen Folgen, die ihn in den USA erwarten würden). Dass die USA Deutschland und Angela Merkel abhören, Daten *made in Germany* offiziell und inoffiziell übermittelt bekommen, regt niemanden mehr auf, dass sie dasselbe auch in Österreich machen, löst höchstens milde Verwunderung aus, und dass die Türkei von Deutschland, Großbritannien und den USA ausspioniert wird, quittiert der türkische Außenminister mit einem lakonischen: Jeder spioniert jeden aus – fast liest man die Fußnote: Wir tun es ja auch.

Man könnte nun die Theorie aufstellen, dass unsere Gesellschaft eine Transparenzgesellschaft geworden ist, nicht, weil wir dies zu einem ideologischen Credo erhoben haben, sondern schlicht und einfach, weil wir die technischen Möglichkeiten dazu haben. Philip Bobbitt erklärt in seinem Buch *The Garments of Court and Palace. Machiavelli and the World That He Made*, warum es zur Bildung von Nationalstaaten kam. Am Ende des fünfzehnten Jahrhunderts, schreibt er, sei die Macht eines Fürsten in vielerlei Hinsicht beschnitten gewesen, vor allem durch die Kirche, aber auch ein Teil der Untertanen, Geschäftsleute, Handwerker und »Städter in vielerlei Funktionen« wären von der Kirche und dem Adel unabhängig gewesen. Die jüdische Gemeinde beispielsweise, obwohl in vielerlei Hinsicht sehr eingeschränkt, sei weitgehend autonom gewesen. Die Fürsten dieser Zeit hätten keine Territorien regiert, so Bobbitt, sondern verstreute Bereiche, in denen sich jeweils eine kleine, unbeständige Verwaltung befunden hätte, die ausschließlich an die Person des Fürsten gebunden war. Die größte Bedrohung der mittelalterlichen Welt ging jedoch von einer technischen Neuerung aus, den Kanonen, den eisernen Mehmets II. und den bronzenen Charles' VIII., für damalige Verhältnisse technische Wunderwerke, denen keine Schutzmauern standhalten konnten: »In 1498 the Venetian State declared that the wars of the present time are influenced more by the force of bombards than by men at arms.«[14] Um sich gegen diese zu schützen, brauchten die Italiener große und verlässliche Armeen und nicht in aller Eile zusammengesammelte, daher unverlässliche Söldner. Sie benötigten Bündnisse und Abkommen, die die Unterzeichner überdauern würden (dazu Bobbitt: »The perishability of which had been an unfortunate feature of medieval jurisprudence«). Botschafter wurden gebraucht, die an fremden Höfen leben, die Bündnisse überwachen und aufrechterhalten sowie dem Fürsten Informationen zukommen lassen konnten, auch geheime Informationen. Nicht zuletzt mussten in den verstreuten Bereichen fixe Verwaltungsapparate installiert werden, die im Falle eines Krieges die notwendigen wirtschaftlichen und materiellen Voraussetzungen zur Kriegsführung sofort bereithalten würden. Aus all diesen Gründen, meint Bobbitt, sei es zur Formung des modernen Staates gekommen, der Anlass aber sei eine neue Technologie gewesen: die Kanone.

Dass sich die Welt bzw. die Weltordnung aufgrund von neuen Waffen verändert, kennen wir aus der neueren Geschichte; die Atombombe zementierte die Zerstörung der imperialen und kolonialen Ordnung sowie die Zerteilung der Welt in zwei Blöcke. Dass die technischen Neuerungen, das Internet und die mit ihr in enger Verbindung stehenden Möglichkeiten der Überwachung ebenfalls eine fundamentale Neuerung mit sich bringen, im Grunde schon gebracht haben, ist unbestreitbar, die Frage ist, ob man das Informationszeitalter nicht treffender Zeitalter der Überwachung nennen sollte, schließlich überwacht heute jeder jeden und jede jede; die Überwachung von Privatpersonen durch Privatpersonen wird sogar bewertet: mit einem Stern, einem Daumen hoch, einem *Like* oder einem Kommentar.

Die öffentliche Meinung wird immer mehr zu einem Singular und die (virtuellen) Freunde immer mehr zu ihren Wächtern. Jaron Lanier spricht in seiner Rede anlässlich der Verleihung des Friedenspreises des Deutschen Buchhandels in diesem Zusammenhang vom *Rudelschalter:* »Nach dieser Theorie sind Menschen Wölfe; wir gehören zu einer Spezies, die als Individuum oder als Rudel funktionieren kann. In uns ist ein Schalter. Und wir neigen dazu, uns immer wieder plötzlich in Rudel zu verwandeln, ohne dass wir es selbst bemerken. Wenn es eines gibt, das mich am Internet ängstigt, dann dies: Es ist ein Medium, das ›Flashmobs‹ auslösen kann und regelmäßig schlagartig ›virale‹ Trends schafft. Zwar haben diese Effekte bisher noch keinen größeren Schaden angerichtet, aber was haben wir im Gegenzug getan, um sie zu verhindern?«[15] Unser »Stammesgefühl« sei vielleicht die gefährlichste unserer Sünden, und das Internet könne leicht als Plattform für »plötzliche Massengewaltausbrüche von Rudeln und Clans« dienen. »Das ist auch der Grund, warum mir der Trend sozialer Netzwerke Sorgen bereitet, die Leute in Gruppen zusammenzutreiben, um sie zu besseren Zielscheiben für das zu machen, was sich heute Werbung nennt, in Wirklichkeit wohl eher das Mikromanagement der billigsten Option, die der Verlinkung.« Die größte negative Konsequenz der Netzwerktechnologie aber sei, so Lanier, die Konzentration von Reichtum, die ohne die eben beschriebenen Vorgänge nicht möglich wäre: »Big Data schürt die algorithmische Konzentration von Reichtum. (...) Algorithmen erzeugen keine Garantien, doch sie zwingen nach und nach die breite Gesellschaft dazu, Risiken zu übernehmen, von denen nur ein paar wenige profitieren. Dies wiederum führt zu Austerität, rigorosen Sparmaßnahmen seitens der Politik. Da Austerität mit einer Share Economy gekoppelt ist (denn Sharing liefert die Daten, mit denen die Maschine läuft), erlebt jeder Einzelne, bis auf die winzige Minderheit ganz oben auf den Rechnerwolken, einen graduellen Verlust von Sicherheit.« Internet-Celebrity Jeff Jarvis versteht diese Zusammenhänge überhaupt nicht, wenn er in seiner Schrift *Mehr Transparenz wagen!*, die sich eher wie ein Manifest liest, sagt, Öffentlichkeit sei ein realer Machtfaktor. Öffentlichkeit, erklärt er weiter, »bedroht Institutionen, deren Macht auf der Kontrolle von Zielgruppen und Informationen beruht, weshalb wir das Establishment gegen diese Veränderungen protestieren hören. Öffentlichkeit bedeutet, dass wir auf seine Kosten Macht gewinnen. Diktatoren und Politiker, Medienmogule und Marktschreier versuchen uns vorzuschreiben, was wir denken und sagen sollen. Aber heute, in einer wahrhaft öffentlichen Gesellschaft, müssen sie zuhören, was wir zu sagen haben – egal, ob wir uns auf Twitter über ein Produkt beschweren oder über Facebook einen Protestmarsch organisieren. Wenn sie Erfolg haben wollen, müssen sie sich auf Augenhöhe mit uns auseinandersetzen. Sie müssen uns als Individuen respektieren; auch wegen der Macht, die wir als Gruppen – als Öffentlichkeit – ausüben können. Wenn sie das nicht tun, werden sie ersetzt.«[16]

Das *könnte* so sein; Öffentlichkeit, da stimme ich Jarvis zu, könnte diese Funktion einnehmen und sollte es auch. Soziale Netzwerke wie Twitter oder Facebook, die eigentlich aufgrund ihrer Restriktionen – schließlich sind sie vom Markt für den Markt entwickelt worden – nicht unbedingt dafür geeignet sind, haben eine solche Funktion etwa während der Proteste in Hongkong erfüllt (allerdings könnte den Regimegegnern das Tweeten nun zum Verhängnis werden, da die Regierung in Peking alle Twitter-Meldungen mitlas). Meiner Ansicht nach entwickelt sich das Internet jedoch immer mehr zu einer rein nach wirtschaftlichen Kriterien funktionierenden Maschine, zu einem riesengroßen, weit verzweigten Advertorial, dessen primärer Sinn darin besteht, zu verkaufen, die dies aber unter dem Deckmantel der Information versteckt. Echte Gemeinschaften im Internet sind kaum zu finden, in den Foren wird Eigenwerbung betrieben oder versucht, Informationen zu ergattern, die man zu seinem eigenen Vorteil verwenden kann, echte Anteilnahme ist rar; nicht umsonst werden diese Gemeinschaften *brand communities* genannt.

Gehört die »zweigleisige Gesellschaft« mit ihrer strikten Trennung von Informationskonsumenten und -produzenten, die Mark Zuckerberg in Jarvis' Buch beschreibt, wirklich der Vergangenheit an? Und stimmt es, dass die Aufgabe der Medien nun tatsächlich in den Händen aller liegt und nicht mehr in den Händen weniger? Mir scheint, dass sich all dies in Wahrheit nicht geändert hat, der Unterschied ist lediglich, dass der Konsument nun manchmal auch ein Produzent ist, aber das ist keine Neuerung, die das Internet möglich gemacht hat. Die Nachrichten-Produktion, die laut Zuckerberg unser aller Sache geworden ist, ist nach wie vor Sache der Nachrichtenagenturen und

Zeitungen, tatsächlich wird das Internet immer enger und engt zusätzlich die weniger werdenden Möglichkeiten ein, denn es ist zu einem Portal für den Mainstream geworden, und dieser breitet sich aus, verlangt nach immer mehr Platz, verdrängt das Kleine, Massenuntaugliche; auch dieses ist im Netz zu finden, das ist richtig, doch es wird kaum noch wahrgenommen, da die von Zuckerberg und Jarvis totgesagten Produzenten die neue Domäne Internet domestiziert haben. Wie man in dieser kommerziell definierten Situation von den rein sozialen Aspekten der sozialen Netzwerke sprechen kann, ist mir ein Rätsel. Zuckerberg setzt dem Ganzen die Krone auf, wenn er sagt, dass wir Facebook ein besseres Gefühl für unsere Mitmenschen zu verdanken haben: »Dadurch, dass uns Facebook Informationen über unser eigenes Leben, aber auch über unsere Freunde und darüber gibt, was sie gern mögen und tun, erhalten wir ein viel besseres Gefühl dafür, was um uns herum vorgeht, glaubt Zuckerberg. Wir erfahren Dinge, von denen wir sonst nichts wüssten, und das hilft uns, menschlicher zu werden.«[17]

Die Welt ist technologisch erfassbar geworden, und dies nicht zu nutzen, auszunutzen, wäre eine Dummheit, oder, wie man heutzutage gerne argumentiert, eine *Fahrlässigkeit*. Sicherheit, Sicherheit, Sicherheit über alles! Die dunkle Seite der Transparenz hat eine leuchtend-weiße Weste, die sich *Security policies* nennt, und in ihrem Namen wird *Data mining* betrieben. In unserer Naivität (?) erleichtern wir den Minenarbeitern ihre Aufgabe, indem wir die Informationen freiwillig veröffentlichen. Zusammen mit Quittungen, Steuererklärungen, Telefonrechnungen und,

und, und lässt sich der Alltag eines Menschen abbilden, und sogar, so munkelt man, seine Zukunft prophezeien: Wann wird er eine Familie gründen, wie diese ernähren, wie sich im Alter erhalten und wie sterben –

alles ist errechenbar, auch der Mensch. Vorbei sind die Zeiten, als der Mensch für ein geniales Geschöpf Gottes gehalten wurde und niemals zum Objekt eines Rechenmeisters hätte degradiert werden können, doch damals war die Welt im Vergleich zu heute unterbevölkert, es galt schon als übermenschlich, ein halbes Jahrhundert zu leben, heute muss man mehr als ein ganzes Jahrhundert aufweisen, um als Wunder zu gelten; aber auch dann wird diese Errungenschaft geschmälert, indem man erklärt, der älteste Mensch der Welt sei Vegetarier.

Doch vielleicht bin ich zu skeptisch; ich gestehe, ich bin keine Freundin des Fortschritts um jeden Preis, mir scheint es wichtig, sich eine Auszeit zu nehmen, sich Stillstand zu gönnen, um zu überdenken, in welche Richtung man fortschreitet. Die neuen Technologien haben zweifelsohne das Leben angenehmer, einfacher gemacht. Das zeitraubende Stöbern in Archiven beispielsweise ist nur noch bedingt nötig, viel Archivmaterial wurde digitalisiert, ist somit selbst über größere Distanzen problemlos aufrufbar, viel Information (durchwegs alte, es schimmert *veraltet* durch) wird kostenlos zur Verfügung gestellt, die Gesellschaft erscheint zumindest im Internet offen, wenn auch diese Offenheit zunehmend eingeschränkt wird. Zudem muss man über das Wissen verfügen, wie man zu suchen, welche Suchmaschinen man zu verwenden hat, um die

Information, die man benötigt, zu erhalten. Auch auf politischer Ebene spielte (spielt) die Vernetzung durch das Internet eine wichtige Rolle, beispielsweise während der Revolution in Ägypten, als Nachrichten und Videos von den Demonstranten an die (Welt-)Öffentlichkeit gesendet wurden. Nicht zu vergessen die chinesischen Menschenrechtsaktivisten, viele von ihnen Blogger, die ihre Existenz riskieren, um durch Meldungen über Menschenrechtsverstöße Druck auf die chinesische Regierung auszuüben, in der Hoffnung, diese zu einer menschlicheren Politik zu bewegen. In Ostasien spielt das Internet, und wenn ich Internet sage, meine ich alle Möglichkeiten, die dieses bereitstellt, also gerade auch die sozialen Netzwerke Facebook und Twitter, eine große politische Rolle: In Südkorea schaffte es die aktuelle Präsidentin Park Geun-hye, gewählt zu werden, weil, so stand es letztes Jahr in den Medien, zahlreiche Mitarbeiter des südkoreanischen Geheimdienstes von ihrem Chef persönlich dazu abkommandiert wurden, zugunsten Parks und zuungunsten des gegnerischen Präsidentschaftskandidaten zu twittern, der kurzerhand als Kommunist verleumdet wurde und letztlich die Wahl verlor. Noch versuchen südkoreanische Menschenrechtsaktivisten mit an Luftballons geknüpften Nachrichten, die bei günstigen Winden nach Nordkorea geblasen werden, im Nachbarland einen Umsturz von innen zu bewirken; es ist möglicherweise nur eine Frage der Zeit, wann die virtuellen Wälle Nordkoreas durchdrungen werden, das wäre – möglicherweise – der Anfang vom Ende.

Dieselbe Technologie, die genutzt wird, um eine gerechtere Zukunft durchzusetzen, wird von der Gegenseite für eine bessere Gegenwart benutzt, oder, um im Jargon zu bleiben, für eine sicherere Gegenwart. Doch Sicherheit im Zeitalter der Transparenz bedeutet Überwachung, und wieder ist es dieselbe Technologie, die beides ermöglicht, eine (bald) lückenlose Überwachung, verstärkt durch parteiische Berichterstattung in den (Online-)Medien, die über die Hardware- und Softwarehersteller automatisch ins Handy gespeist werden. Aber schon lange kann das World Wide Web Meinungsfreiheit nicht mehr garantieren, den Pluralismus, für den es so lange und ausdauernd gelobt wurde, gibt es längst nicht mehr, er musste den Inhalten weichen, die auf Formulare und unter Überschriften bzw. Unterüberschriften passen, die Konformität, die für das maschinelle Aufarbeiten von Daten unbedingt erforderlich ist, nimmt immer mehr zu, wenn nicht überhand. Grassroots-Bewegungen existieren nur, weil sie von jenen, die über die Netzinhalte bestimmen, gutgeheißen werden, insofern bilden sie Widerstand nur ab, leisten jedoch keinen wirklichen.

Es ist eine Welt des Scheins, in der wir Bestätigung suchen (und scheinbar finden): Die Aufgabe der virtuellen Welt ist es, etwas darzustellen, was sein *könnte*; ob es *ist*, ist wieder eine andere Frage, leider eine, die kaum noch gestellt wird. Die Leichtigkeit, mit der Daten, das heißt Ereignisse, Personen, Fakten, gefälscht werden können, führt zu einer schwindelerregenden Schwindelei, und doch leben wir in einem Zeitalter, in dem Wikipedia die Wahrheit schlechthin verkündet, obwohl es ein Wahrheitsorakel ist (im Sinne von: ob ich diesmal die Wahrheit erfahre, ist nicht gewiss) –

der Versuch, die Natur in ihre Schranken zu weisen,

geht in die letzte Phase: Nun ist es der Mensch, ebenfalls Natur, auch wenn dies gerne und häufig bestritten wird, gegen den sich der Mensch richtet, alle anderen natürlichen Feinde sind besiegt. Doch der Mensch ist eine Plage, die sich nur schwer kontrollieren und eingrenzen lässt. Von der Geschichte haben wir ausschließlich, *exklusiv* gelernt, dass Prävention billiger ist als die Bereinigung von Folgen, also machen wir uns daran, wenn wir schon die Möglichkeiten dazu haben, all jene Menschen zu bekämpfen, die mit größter Wahrscheinlichkeit dazu beitragen werden, die Zukunft zu beschmutzen. Aber dazu müssen wir in ihren Kopf; nur wenn wir wissen, was sie denken, können wir wissen, was sie planen und dies verhindern, der Blick in ihre Tagebücher ist unvermeidbar. Und Privatheit? Wird überholt.

3. Der unsichtbare Feind

1961, nach der Wahl John F. Kennedys zum US-amerikanischen Präsidenten, aber vor dem Bau der Berliner Mauer, wurde in Südkorea zu einer Präsidentschaftswahl aufgerufen, bei der, wie noch nie zuvor, Wahlbetrug betrieben wurde. Der Regierung Syng-man Rhees wurde vorgeworfen, korrupt und nur darauf bedacht zu sein, die eigenen sowie die Interessen ihrer pro-japanischen Unterstützer durchzusetzen und die finanziellen, das heißt die existenziellen Probleme der Bevölkerung, die größtenteils unter der Armutsgrenze lebte, zu ignorieren; zudem hatte Rhee sein Versprechen, Korea zu vereinen, nicht gehalten, allerdings auch das in der Verfassung verankerte Gebot nicht eingehalten, nach zwei Amtsperioden zu gehen. Er war geblieben und hatte durch eine Änderung der Verfassung sichergestellt, diesmal zum Präsidenten auf Lebenszeit gewählt zu werden. Trotzdem war Rhee bei der Bevölkerung nicht unbeliebt, seine einzige wirkliche Schwachstelle war sein engster Mitarbeiter und Vater seines Adoptivsohnes, der dreißig Jahre jüngere Lee, Lee Ki-bung, der diesmal Vize-Präsident werden sollte. Lee war dermaßen unpopulär, dass er schon die letzte Vize-Präsidentschaftswahl verloren hatte, auch diesmal schien es unwahrscheinlich, dass er die Mehrheit für sich gewinnen würde, er brauchte Hilfe –

und erhielt sie: Der Innenminister war es, der ihm hilfreich zur Seite stand. Dieser heuerte eine der vielen Jugendgruppen an, die damals ihr Unwesen trieben (ein Erbe Chiang Kai-sheks), und befahl ihnen, Wahlzettel zu fälschen und mit ihnen jene Urnen zu befüllen, die am Tag der Wahl gegen die echten ausgetauscht werden sollten. Dies allerdings war Plan B; Plan A bestand darin, die Türen der Wahllokale für Mitglieder der Opposition zu blockieren, obwohl diese das Recht hatten, die Wahl zu beobachten und sich auf diese Weise von ihrer Rechtmäßigkeit zu überzeugen. Außerdem sollten die Wähler nicht alleine in die Wahlkabine gelassen werden, sie durften diese nur mit zwei Begleitern betreten, und ehe sie das Kästchen vor dem Namen ankreuzten, mussten sie den zwei anderen Männern sagen, für wen sie stimmten. War es der Kandidat der Opposition, wurden sie beschimpft und ihr Wahlzettel zerrissen, danach mussten sie erneut *freiwillig* für Rhee und Lee stimmen, sonst wurden sie unter Androhung von Gewalt dazu gezwungen. Trotz dieser Maßnahmen mussten am Ende des Wahltages viele Urnen ausgetauscht werden, so schlecht war es um die Popularität der letztlich *wiedergewählten* Kandidaten bestellt. Allerdings, und das möchte ich betonen, wurde diese Art der Einschüchterung nur bei Wählerinnen und Wählern angewandt, die *nicht* zur privilegierten Schicht zählten; letztere durfte unbehelligt wählen, ihr wurde nicht vorgeworfen, zu ungebildet zu sein (wobei *ungebildet* ein Codewort für *arm* war), um diese Entscheidung zu fällen.

Die gefälschte Wahl flog noch während der Stimmenauszählung auf und führte zu einer Massendemonstration, die als April-Revolution in die südkoreanische Geschichte einging. Damals duldete die Bevölkerung die Manipulation der Wirklichkeit nicht, heute sind wir, die wir doch in einer westlichen Demokratie leben, unentwegt mit manipulierten Wirklichkeiten konfrontiert. Liegt es an unserem Desinteresse oder unserem Unwissen, dass die neuen Technologien in einem solchen Ausmaß gegen uns eingesetzt werden können? Ich sage *gegen uns*, die offizielle Version lautet natürlich gegen *sie*, die Terroristen. Ilija Trojanow und Juli Zeh beschreiben in ihrem Buch *Angriff auf die Freiheit* die Instrumente der Terrorismusbekämpfung und stellen die Frage, ob diese eigentlich etwas taugen. Ich denke, ich verrate nicht zu viel, wenn ich Ihnen die Antwort verrate: sie lautet nein. Die Rasterfahndung etwa, die in den siebziger Jahren entwickelt wurde, um gegen die RAF vorzugehen, wurde nach dem 11. September 2001 zum Aufspüren von Schläfern wiederbelebt. Das Ergebnis der Rasterfahndung im Jahr 2004 in Deutschland führte bei einer Auswertung von 8,3 Millionen Datensätzen zu einem einzigen Ermittlungsverfahren, das jedoch bald nach seiner Einleitung eingestellt wurde. In Österreich sollte die Rasterfahndung 1997 in Kraft treten und der Briefbombenattentäter auf diese Weise aufgespürt werden (Fuchs konnte allerdings ohne diese Methode festgenommen werden); tatsächlich kam sie in Österreich niemals zum Einsatz. Ein anderes Mittel sind die biometrischen Reisepässe mit digitalem Fingerabdruck, die das Fälschen von Reisepässen erschweren sollen. Dazu Trojanow und Zeh: »Diese auf den ersten Blick plausible Begründung erweist sich als abwegig, wenn man bedenkt, dass in einem Zeitraum von fünf Jahren (2001 bis 2006) nicht mehr als sechs gefälschte Pässe des alten Modells in Umlauf kamen. Darüber hinaus ist kein einziger Fall bekannt, in dem Terroristen gefälschte Pässe bei sich trugen.«[18] Wenn man dies bedenkt, scheint es plausibler, dass es sich hier ebenfalls um eine Präventivmaßnahme handelt; zudem existiert der Plan, die Fingerabdrücke aller EU-Bürger und -Bürgerinnen in einer zentralen Datenbank zu speichern.

Ein anderes Beispiel: Neben der Telefonüberwachung (bei der Deutschland laut Heise online Weltmeister ist) wurde 2007 die Online-Durchsuchung oder Online-Fahndung in Österreich genehmigt (sie soll nur mit richterlichem Beschluss zum Einsatz kommen), 2011 erwarb das österreichische Innenministerium einen Trojaner, einen Keylogger. Dabei handelt es sich um eine Hard- oder Software, die dazu verwendet wird, um die Eingaben, die ein Benutzer an seinem Computer macht, mitzuprotokollieren. Keylogger werden oft von Hackern benutzt, um an Pin-Codes und Passwörter zu gelangen. Wie der deutsche Chaos Computer Club herausfand, kann der Trojaner beispielsweise Skype-Gespräche abhören, aber vor allem kann er »eine Person komplett bis hin zur akustischen und optischen Wohnraumüberwachung ausforschen. In Bayern setzte man die Software nicht gegen Terroristen und Kinderschänder ein, mit denen man den Bedarf nach einem Staatstrojaner begründet hatte, sondern in Fällen, in denen es um die unerlaubte Ausfuhr von Medikamenten, den Onlineverkauf von Elektrogeräten ohne Lieferung, die Hehlerei mit Drogerieartikeln und den Handel mit Dopingmitteln ging. Dabei wurden unter anderem mehr als 60 000 Screenshots angefertigt«, schrieb Heise online 2011. Äußerst problematisch sei, befand der Chaos Computer Club nach einer Analyse des Programms, dass dieses auch Beweismittel manipulieren könne –

bei den Ermittlungen des Bundesamtes für Verfassungsschutz und Terrorismusbekämpfung (BVT) gegen Mohamed M., der unter Verdacht stand, Mitglied einer terroristischen Organisation zu sein und dafür bereits 2008 zu vier Jahren Haft verurteilt worden war, kam ein solcher Bundestrojaner zum Einsatz, wie *profil* am 22. Oktober 2011 schrieb.[19]

Überwachung mit Ortungstechnik (GPS-Sender), Videoüberwachung, Wanzen, E-Mail-Überwachung, der Einsatz von RFID-Tags[20]... Diese Liste kann keinen Anspruch auf Vollständigkeit erheben, da dies nur die bekannten

Überwachungsmethoden sind, und es wäre wohl nicht sehr klug, den unsichtbaren Feinden alles Wissen weiterzugeben. Ich bin sicher, jeder, der den Wiener Neustädter Tierschützerprozess mitverfolgt hat, weiß, wozu *Terrorismusbekämpfung* fähig ist.

In diesem Kontext soll der Begriff *Bürgeropfer* nicht ungenannt bleiben: Dieses Wort wurde von einem deutschen Rechtswissenschaftler, dem Autor der Schrift *Selbstbehauptung des Rechtsstaats*, Otto Depenheuer, verwendet. Er geriet 2007 in den Fokus der Öffentlichkeit, als sein Buch vom damaligen deutschen Innenminister Wolfgang Schäuble wärmstens empfohlen wurde.[21] Depenheuer ist ein Anhänger Carl Schmitts, der von Walter Gurian »Kronjurist des Dritten Reichs« genannt wurde, deswegen ist es nicht erstaunlich, dass Depenheuer auf Schmitts Sentenz *Souverän ist, wer über den Ausnahmezustand entscheidet* zurückgreift. Die terroristischen Angriffe der »Heiden der säkularen Staatlichkeit und individuellen Freiheit« seien als Ausnahmezustand zu sehen, fielen daher unter das Ausnahmerecht, nicht unter das Bürgerrecht, argumentiert Depenheuer. Ausnahmerecht ist seiner Meinung nach gleichzusetzen mit Feindrecht; der Feind hat keine Rechte, einmal von der Rechtsordnung als Feind qualifiziert, steht er außerhalb des Gesellschaftsvertrags, er ist »verfassungstheoretisch nicht Rechtsperson, die das geltende Recht prinzipiell achtet, sondern Gefahr, die um der Rechtsgeltung willen bekämpft werden muß. Es gibt verfassungstheoretisch keine Basis, auf deren Grundlage der Staat seiner terroristischen Negation in Person etwas schuldete. Indem der Feind außerhalb des Rechts gestellt wird, liegt gar eine Anerkennung seiner Würde: Der Terrorist wird als Überzeugungstäter ernst genommen und gerade deswegen als Gefahr für die staatlich verfaßte Gemeinschaft bekämpft.«[22] Es ist aus Sicht Depenheuers nur konsequent, Anlagen wie Guantanamo ihre Berechtigung zuzusprechen, solange die *Ausnahme-Gefahr* nicht gebannt ist. Präventive Sicherheitsmaßnahmen, die Internierung potenziell gefährlicher Menschen und die Folter sind ebenfalls Dinge, die seiner Meinung nach aufgrund dieser Ausnahmesituation berechtigt und notwendig sind.

Der Feind sei die »Negation des Bürgers in status civilis«, so Depenheuer, der Bürger aber befinde sich mit dem Staat in einem besonderen Verhältnis: »Staat und Gesellschaft beruhen auf einem Verhältnis elementarer Gegenseitigkeit.«[23] In einer Ausnahmesituation könne der Staat vom Bürger ein *Bürgeropfer* verlangen; der Feind sei auch deshalb einer, weil von ihm keine Opferbereitschaft erwartet werden könne. Das Bürgeropfer sei, schreiben Juli Zeh und Ilija Trojanow, das »westliche Pendant zum Selbstmordattentat, jedenfalls was die Bereitschaft anbelangt, die lästigen Fesseln der Zivilisation abzustreifen und wieder zünftig für seinen Wahn zu sterben, wie es die allerlängste Zeit in der Geschichte üblich war. Und das dazugehörige Szenario? Terroristen haben wieder einmal ein Flugzeug entführt (...), und dieses Mal sitzen Sie in der Maschine. Durchs Fenster sehen Sie schon die Abfangjäger der Luftwaffe. Sie wissen, in wenigen Sekunden wird der Abschußbefehl erteilt. Wie reagieren Sie? Mit Stolz, bitte schön. Und was sind Ihre letzten Gedanken? Wie schön, daß ich als Märtyrer im Anti-Terror-Kampf sterben darf.«[24]

Natürlich ist das Flugzeug-Opfer ein Extremfall, doch der Verdacht drängt sich auf, dass Bürgeropfer bereits gebracht wurden und werden, und ich meine nicht nur die Unschuldigen, die allein aufgrund ihrer Abstammung als Terroristen verhaftet, interniert und gefoltert wurden, ich spreche von uns, die wir (scheinbar) in Ruhe gelassen werden, solange wir kein Interesse bzw. keine Sympathien für den Feind zeigen, keine asozialen Neigungen unseren Alltag bestimmen und wir nicht bei einer Demonstration gefilmt wurden, die uns als Gegner der staatlich sanktionierten Programme outet. Das Opfer, das wir in all diesen Fällen bringen, besteht darin, dass wir es unterlassen, nachzufragen, Einhalt zu gebieten, Einspruch zu erheben. Man sagt uns, dass es unsere Gesellschaft sicherer macht, wenn Überwachungskameras an jeder Ecke angebracht werden, die jeden und jede filmen. Durch Edward Snowden haben wir erfahren, dass die USA nicht nur ihre eigenen Bürger und Bürgerinnen ausspioniert, sondern auch uns, alle unsere Telefongespräche und E-Mail-Korrespondenz abhört und mitliest und womöglich aufbewahrt (für alle Fälle). In den siebziger Jahren kam das erste Mal das Gerücht auf, es gebe einen Supercomputer, der alle Telefongespräche aufzeichne. Dies hielt eine Gruppe von Studentinnen und Studenten nächtelang wach und animierte sie zum Nuscheln, Brüllen und Wispern von *bösen* Wörtern in die Telefonmuschel, all dies in der Erwartung, jeden Moment von einem Mitarbeiter des Geheimdiensts festgenommen zu werden; dieser Supercomputer ist Realität geworden, wenn es sich auch weniger um ein Super-Gerät, sondern um ein Super-Netzwerk handelt, sowie um zahlreiche Firmen und Menschen, die sehr viel Geld daran verdienen, die Überwachung zu fördern. Wären wir unsere Vorgänger (aus den siebziger Jahren), wir würden uns wohl mehr aufregen. Unsere gegenwärtigen Ichs sind nur ein bisschen empört, kaum der Rede wert, denn im Grunde glauben wir, dass die Ermittler und Ermittlerinnen, die auf die Spur der Terroristen angesetzt sind, nichts bei uns finden werden und können; wir meinen, wir hätten nichts zu verbergen, also wäre es zwar nicht vollkommen, aber doch durchaus in Ordnung, abgehört zu werden –

wir wiegen uns in Sicherheit. Wir stellen keine Fragen, und wir verschließen unsere Augen vor einer Tatsache: dass nämlich diejenigen, die diese Parameter bestimmen, sie jederzeit ändern können. Der Feind ändert sein Gesicht, wenn es politisch passt. Heute sind es Menschen aus dem Nahen Osten, wer wird es morgen sein? Und immer sind sie an ihrem Äußeren erkennbar, sobald dies nicht der Fall ist, sobald die Rede von Konvertierten ist, das heißt, von äußerlich nicht erkennbaren Feinden, bricht nicht nur verbal Panik aus, die beschworene Gefahr scheint noch größer zu sein, als sie es tatsächlich ist, denn die Krankheit, die Abkehr von der westlichen Zivilisation, hat schon von den *Unsrigen* Besitz ergriffen, noch sind es Einzelne, aber wer weiß...

Wie bedenklich, wie problematisch, wie schrecklich die Folgen der Stigmatisierung von ganzen Volksgruppen sein können, brauche ich nicht zu betonen. Dass sich diese Art der undifferenzierten Terrorbekämpfung zunehmend in eine generelle Feindseligkeit gegenüber dem Islam und seinen Anhängerinnen und Anhängern entwickelt, ist absehbar. Dass sich dies in rassistischen Übergriffen entlädt wird bzw. bereits entlädt, auch. Dass es bereits zu einer Zuschreibung von Schuld ausschließlich aufgrund von Äußerlichkeiten gekommen ist – für jeden, der aussieht, als könnte er aus dem Nahen Osten stammen, gilt die Unschuldsvermutung nicht –, ist Realität. Gerade bei der *Vernichtung des Feindes* spielt Effizienz eine große Rolle; wenn unschuldige Menschen im Laufe einer solchen Operation sterben, wird ihr Tod ebenfalls dem Feind angelastet, schließlich handelt es sich um Selbstverteidigung, Notwehr. Seit dem 11. September 2001 bin ich froh, dass die al-Qaida keine ostasiatische Terrororganisation und Osama bin Laden kein Ostasiate war. Diese Überlegung lässt sich erweitern: Ich bin froh, dass die al-Qaida keine konfuzianische Terrororganisation ist, die dem Westen, den USA und Europa, den Kampf angesagt hat; dass sie keine Guerilla-Kampftruppen losgeschickt hat, um die westliche Zivilisation anzugreifen, zu schwächen und letztlich zu zerstören. Denn wäre dies der Fall gewesen, und wäre ich ein Mann, wäre es um meine Grundrechte schlecht bestellt. Als Frau stünde ich natürlich auch unter Verdacht, aber meine vom X-Chromosom garantierte Harmlosigkeit würde mir das Leben etwas leichter machen. Ich würde zwar bei der Sicherheitskontrolle am Flughafen genauer durchsucht werden, und dies würde nicht immer in einem freundlichen Tonfall geschehen, manchmal würde ich auch auf der Straße angepöbelt werden, weil ich das falsche Gesicht habe, und ich würde spüren, stärker als alle anderen, dass ich, die ich schon immer eine Fremde in dieser Gesellschaft war, nun offiziell zu einer Fremden erklärt werden *darf*: das, was vorher ein rassistischer Übergriff gewesen wäre, wäre plötzlich keiner mehr. Da ich nun offiziell dem Feind in meiner äußeren Erscheinung ähnle, also von diesem nicht zu unterscheiden wäre, würde die neue Gleichung lauten *Ich = Feind*, und dies würde dazu führen, dass ich alle Rechte, die ich vorher besaß, mit einem Schlag verlieren würde.

Während ich mich beruhige und mir sage, dass dies wohl kaum geschehen wird (obwohl ich mir eine nordkoreanische Terrororganisation gegen den westlichen Kapitalismus und Imperialismus sehr wohl vorstellen kann), möchte ich diese Gelegenheit nutzen und einen Aufruf starten, der lautet: *Mut zur Ineffizienz!*

Die Skrupel, einer Islamophobie nachzugeben, werden vor allem auch deswegen immer kleiner, weil unsere Welt, wie sie uns virtuell vorgelebt wird, immer einfacher, *vereinfachter* wird: Um die reibungslose Funktion eines Programms zu garantieren, werden Kategorien vergeben, die möglichst eindeutig sind, Vieldeutigkeit, Mehrschichtigkeit bringen dieses zum Stocken. So wird die undifferenzierte Sichtweise einer programmierten Welt zunehmend auf die reale übertragen, die Kategorien, die bereits das virtuelle Leben unerträglich vereinfachen, indem beispielsweise Sterne verteilt werden anstatt einer zeitraubenderen, ineffizienteren, aber differenzierten Beschreibung Raum zu geben, greifen aus und über: Ich befürchte, wir werden bald beginnen, in diesen Kategorien, in diesen Schemata zu denken. Das Problem ist nicht, dass wir unser Gedächtnis nicht mehr benutzen, sprich Erinnerung an Google *outsourcen*, das Problem ist, dass wir die Schwarz-Weiß-Landschaft der Programmiersprachen übernehmen und die Grauzonen, die Schattierungen des Lebens und seine Zufälle in unserem Denken abschaffen. Indem wir zulassen, dass Formeln unser Leben übernehmen, weil nur sie eine Automatisierung unserer Daten, somit eine schnellere Verarbeitung ermöglichen, lassen wir zu, dass die Welt zugunsten einer schnelleren Wahrnehmung in Schemata gegliedert wird, die ein friedliches Zusammenleben unmöglich machen, denn Ausnahmen gehören nicht in diese *verregelte* Welt.

Dem halte ich entgegen: Wir können es uns leisten, ineffizient zu kommunizieren, Bedenken zuzulassen, Ausnahmen zu machen, auf Fragen keine Antworten zu wissen. Wir können es uns leisten, bei ungelösten, unlösbaren Problemen eine Auszeit zu verlangen, innezuhalten. Wir können und müssen –

wir können es uns nicht leisten, dies zu unterlassen. Haben Sie Mut zur Ineffizienz.

Anmerkungen

1 Siehe dazu auch: Stieger, Burger, Bohn und Voracek, »Who Commits Virtual Identity Suicide?«, in: *Cyberpsychology, Behavior, and Social Networking*, Vol. 16/Nr. 9, 2013
2 Siehe: http://www.thomashutter.com/index.php/2014/01/facebook-aktuelle-zahlen-zu-facebook-q42013/
3 Siehe: http://de.statista.com/statistik/daten/studie/296115/umfrage/facebook-nutzer-in-oesterreich/
4 Siehe: http://blog.instagram.com/post/80721172292/200m

5   Siehe: http://www.socialmediastatistik.de/
6   Max Frisch, *Homo Faber*, Frankfurt am Main, 1957 (2011), S. 117
7   Byung-Chul Han, *Transparenzgesellschaft*, Berlin, 2012, S. 54
8   Han, *Transparenzgesellschaft*, S. 6
9   Han, ebd., S. 7
10 Han, ebd., S. 8
11 Han, ebd., S. 16
12 https://newsroom.fb.com/news/2014/07/world-cup-breaks-facebook-records/
13 Han, ebd., S. 18
14 Philip Bobbitt, *The Garments of Court and Palace. Machiavelli and the World That He Made*, New York, 2013, S. 33
15 Jaron Lanier, *Der High-Tech-Frieden braucht eine neue Art von Humanismus*, siehe: http://www.friedenspreis-des-deutschen-buchhandels.de/819312
16 Jeff Jarvis, *Mehr Transparenz wagen!*, Köln, 2012, S. 21
17 Jarvis, ebd., S. 37
18 Ilija Trojanow/Juli Zeh, *Angriff auf die Freiheit. Sicherheitswahn, Überwachungsstaat und der Abbau bürgerlicher Rechte*, München, 2012, S. 53
19 Emil Bobi, »Trojanische Sitten« in: profil, 22.10.2011 (siehe: http://www.profil.at/articles/1142/560/310153/bundestrojaner-trojanische-sitten)
20 RFID-Tags sind Tags, die an Gegenständen angebracht werden und aufgrund ihrer nur wenige Millimeter großen Antennen geortet werden können, ohne dass derjenige, der den Gegenstand bei sich trägt, etwas davon bemerkt – ein Vorteil, den immer mehr Hersteller nutzen, sodass Käufer zunehmend zu wandelnden Produkte- bzw. Waren-Informationssendern werden.
21 Für eine genaue Analyse siehe: David Salomon, Carl Schmitt Reloaded. Otto Depenheuer und der »Rechtsstaat«, in: *PROKLA. Zeitschrift für kritische Sozialwissenschaft*, Heft 152, 38. Jg., 2008, Nr. 3, S. 430
22 Otto Depenheuer, *Selbstbehauptung des Rechtsstaates*, Paderborn 2007, S. 63
23 Depenheuer, ebd., S. 61
24 Trojanow/Zeh, ebd., S. 114

Der sichtbare Feind (I)

> *Nun glaube ich zwar nicht und hoffe es nicht,*
> *daß man irgendwann zu Dir kommen sollte,*
> *aber wenn ja, so bitte ich Dich, nur zu sagen,*
> *daß Du zwar weißt, daß ich mit Kim einmal*
> *verheiratet war, aber sonst nichts darüber weißt,*
> *absolut nichts. Entspricht ja auch der Wahrheit.*
> *Es bedrückt mich sehr, dass man doch*
> *von der Vergangenheit eingeholt wird.*
> *Diese Mitteilung ist nur für Dich.*
> *Lots of Love*
> *Mum*
>
> Barbara Honigmann,
> *Ein Kapitel aus meinem Leben*

1. Codename Betty Grey

»To collect photographs is to collect the world«, schreibt Susan Sontag.[1] Sie bezeichnet Fotografien als erbeutete Erlebnisse, Erfahrungen; sie würden uns lehren zu sehen und auf diese Weise eine Ethik des Sehens vermitteln. Im Akt des Fotografierens beziehe man zur Welt Stellung, stelle sich über sie als Wissende, Wissender; dieses Wissen finde seinen Weg in die Fotografie als Beweis –

ich sitze über einem Stapel von Beweisen: der britischen Geheimdienstakte der österreichischen Fotografin Edith Tudor-Hart.² Es sind dies allerdings weniger Beweise für Ediths Schuld, nach ihnen wurde gar nicht gesucht, die Schuld war immer schon vorausgesetzt, vielmehr verdeutlichen die Memos, Berichte, kopierten und übersetzten Briefe und Postkarten die staatlichen Eingriffe in das Leben eines Menschen, der als Staatsfeind gezeichnet war. Die Akte, wie sie nun vor mir liegt, ist der Beweis für eine einundzwanzig Jahre andauernde, ich bin versucht zu sagen: staatlich sanktionierte, letztlich psychische Folter, auch wenn heute, so viele Jahre später, die Schuld Tudor-Harts diese Mittel zu rechtfertigen scheint, sie *war* ein Staatsfeind, wenn auch die Gründe für ihre Kooperation mit dem stalinistischen Regime hehre waren.

2002 wurde die Akte der Öffentlichkeit zugänglich gemacht, seither kann man sie in den National Archives in London einsehen, sogar aus dem Ausland bestellen. So bekamen die Briefe, die Edith ihrem Freund Alexander Tudor-Hart schickte, eine Referenznummer und verwandelten sich in eine Narration, die, obwohl niemals die Intention zur Ewigkeit bestand, Geschichte wurde: Das private Leben wurde nicht nur ein, sondern zwei Mal veröffentlicht.

Edith Tudor-Hart wurde als Edith Suschitzky in Wien geboren, in eine, wie Roberta McGrath schreibt, »freilich unkonventionelle Familie (…): jüdisch, doch atheistisch, zur Mittelschicht zählend, doch in einem Wiener Arbeiterbezirk ansässig. Ihre Eltern zählten zu einem ›lose geknüpften Netz von Männern und Frauen‹, das um die Jahrhundertwende die ›linksliberale sozialreformerische Avantgarde von Wien‹ darstellte.«[3] 1900 gründete ihr Vater gemeinsam mit seinem Bruder Philipp Suschitzky den Anzengruber Verlag, in dem pazifistische und sozialpolitische sowie Schriften zur Frauenemanzipation veröffentlicht wurden. 1938 wurde dieser als sogenannter »jüdischer Betrieb« von den Nationalsozialisten liquidiert; bereits die Erteilung der Konzession 1901 hatte zu einer Kontroverse in Wien geführt, da der Antrag der Brüder mit folgender Begründung abgelehnt worden war: »Der Bezirksrat, der Suschitzkys Ansuchen wegen der angeblichen ›Unmasse von Buchhandlungen‹ abgelehnt hatte, plädierte hier nämlich für eine Konzessionserteilung an Ignaz Neumann (katholisch!), was die früher angeführte Begründung ›mangels Localbedarf‹ natürlich ad absurdum führte. In das gleiche Horn blies auch das Bezirksamt, indem es auf das Genügen der Konzessionen im allgemeinen verwies und im speziellen das Gesuch Suschitzkys ablehnte, ›da‹, so heißt es wörtlich, ›S. der herrschenden Partei nicht angehöre u. für einen jüdischen Buchhändler innerhalb der kath. Bevölkerung kein Platz sei. Er werde sich zum Schaden der öffentl. Interessen der Colportage zuwenden oder den Betrieb bald einstellen müssen‹.«[4] Trotz solcher Interventionen konnte schließlich der Buchladen der Brüder in Favoriten geöffnet werden. Diesen Standort hatten sie bewusst gewählt, nicht nur, weil es hier einen »Localbedarf« gab, sondern auch, weil sie mit dem Verkauf der Bücher und der dem Geschäft angeschlossenen Leihbibliothek die Volksbildungsbestrebungen der sozialdemokratischen

Arbeiterbewegung unterstützen wollten, die sich damals als Kulturbewegung verstand; Edith Suschitzky sollte die große Armut der Arbeiterschicht in ihren ersten fotografischen Arbeiten in den zwanziger Jahren festhalten.

Das Öffentliche in politischer Gestalt bestimmte und lenkte stets das Leben der Suschitzkys oder wie Wolfgang Suschitzky im Gespräch mit Peter Stephan Jungk sagte: »Wir waren Linke. Unser Vater Sozialdemokrat. Deshalb auch die Buchhandlung in einem Arbeiterbezirk. Wir waren eine Familie, die Marx und Lenin las. Als Mittelschüler gehörten wir der sozialistischen Jugendbewegung an. Sommerlager, Gesang, politische Diskussionen. Aber nie kommunistisch, immer sozialistisch. Wir waren der Meinung, die Reichtümer der Wenigen gehörten besser verteilt, müssten der Arbeiterklasse zugutekommen. Über all das wurde zu Hause gesprochen. Und wir nahmen an den Umzügen am 1. Mai teil, rund um die Ringstraße, und später dann an Kundgebungen gegen die Nazis.«[5] Der zunehmende Antisemitismus in Wien sowie die gesellschaftliche und soziale Ungerechtigkeit, mit der sich Edith auch persönlich konfrontiert sah, verarbeitete sie künstlerisch als Fotografin, parallel dazu begann sie eine Ausbildung als Montessori-Lehrerin, die sie 1925 nach England führte. Hier lernte sie Alexander Tudor-Hart kennen, der in Cambridge Medizin studierte, Kommunist und (unglücklich) verheiratet war; sie begann eine Beziehung mit ihm. 1930 wurde sie aus Großbritannien ausgewiesen, nachdem sie auf seinen Vorschlag hin an einer Demonstration am Trafalgar Square zugunsten der Worker's Charta teilgenommen hatte und im Gespräch mit Kommunisten beobachtet worden war. Ausländern war es verboten, sich an *sozialen Unruhen* zu beteiligen, dies besagten die *Alien Acts*, daher hatte sich Edith vorsorglich Betty Grey genannt, die Polizei hatte sie trotzdem aufgespürt. Im Jänner 1931, nachdem sie mehrmals verwarnt worden war, musste sie nach Wien zurückkehren. Zwei Jahre später, im Mai 1933, wurde sie wieder verhaftet, diesmal in der Josefstadt; sie hatte Briefe für die linke Unterstützungsorganisation Rote Hilfe bei sich. »Zum Zeitpunkt ihrer Festnahme arbeitet Edith Suschitzky faktisch als Kurierin für die Kommunistische Partei Österreichs, als diese sich mit einer dramatischen Zunahme staatlicher Repression konfrontiert sah und sich auf ihre zukünftige Illegalität einzustellen begann«[6], erklärt Duncan Forbes. Die Briefe hätten um detaillierte Berichte über die Situation in der Provinz gebeten, erst wenige Monate zuvor, im März, war das Parlament aufgelöst und die Verfassung aufgehoben worden. Dollfuß hatte mithilfe des »Kriegswirtschaftlichen Ermächtigungsgesetzes« die Pressezensur eingeführt sowie Aufmärsche und Versammlungen verboten. Die im Anschluss an die Demonstrationen zum 1. Mai durchgeführten Verhaftungen österreichischer Kommunisten hatte die KPÖ dazu gebracht, ein Rundschreiben aufzusetzen; dieses wurde bei Edith gefunden. Es forderte eine »Einheitsfront« zur Unterstützung politischer Gefangener in Österreich und Deutschland, rief dazu auf, Delegierte zum internationalen Kongress antifaschistischer Arbeiter nach Kopenhagen zu schicken und gegen das Verbot der KPÖ öffentlich zu protestieren sowie verstärkt Parteipropaganda zu verbreiten.

Die Festnahme Ediths führte zu einer Durchsuchung

ihres Elternhauses, wo die Polizei einen Mimeographen, einen Aufruf der Partei, höhere finanzielle Beiträge zu leisten, Pamphlete, Briefe, Zeitungen und Bücher, u.a. eine Lenin-Biografie fand. Sie konfiszierte Ediths Foto-Archiv mit Bildern von Demonstrationen der Kommunistischen Partei, die kurz zuvor in Wien abgehalten worden waren; diese Sammlung wurde während einer Überschwemmung des Polizeidepots 1938 zerstört. Edith wurde damals das erste Mal verhört; eine Erfahrung, die sich wiederholen sollte. Es sei ihr gelungen, sich mit ihren Häschern zu einigen, schreibt Forbes, denn sie heiratete nach ihrer Entlassung aus dem Gefängnis Alexander Tudor-Hart und verließ noch im selben Jahr Österreich. Ihren Bruder, der in die Niederlande geflohen war, traf sie später in London wieder, ebenso ihre Mutter. Ihr Onkel Philipp Suschitzky konnte im Frühjahr 1938 nach Frankreich fliehen, er und seine Frau wurden jedoch 1942 nach Auschwitz deportiert. Ihr Vater wählte ein anderes Schicksal: »Der Idealismus und Optimismus, mit dem die Brüder ihr Unternehmen durch die Kriegsjahre und krisenreichen zwanziger Jahre geführt hatten, schien angesichts der politischen Wirklichkeit von 1933/34 langsam zu zerbrechen. Die erblich vorbelastete Neigung zu depressiven Gemütsverstimmungen verschlimmerte sich bei beiden Brüdern. Zwei Monate nachdem die Demokratie endgültig zerschlagen worden war, beging Wilhelm Suschitzky, am 18. April 1934, Selbstmord. Einen Tag später erschien in fast allen Zeitungen die folgende kurze Nachricht: *Der 56-jährige Buchhändler Wilhelm Suschitzky wurde gestern gegen 7 Uhr abends von seiner heimkehrenden Gattin in der Wohnung, 4. Bezirk, Petz-*

valgasse 4, in der Badewanne sitzend, mit durchschossener rechter Schläfe tot aufgefunden. Suschitzky, der auf der Favoritenstraße eine Buchhandlung »Brüder Suschitzky« hatte, dürfte die Tat im Zustand der Nervenzerrüttung begangen haben.«[7] In der Prozessakte Suschitzky kann man nachlesen, dass sich Philipp und Wilhelm in psychiatrischer Behandlung befanden: »Ich selbst«, erklärte Philipp, »bin schwer nervenleidend, und leide an schweren Gemütsdepressionen und Schlaflosigkeit. Meine Großmutter und meine Mutter sind im Irrenhaus gestorben, 2 Onkel mütterlicherseits haben sich selbst das Leben genommen. Mein Bruder Wilhelm Suschitzky befand sich bereits 3 Mal auf der Psychiatrischen Klinik.«[8]

In England eröffnete Edith ein Fotostudio, das sich auf Porträtfotografien spezialisierte. Ab Mitte der dreißiger Jahre, während einer wirtschaftlichen Erholungsphase, florierte es, auch gelang es ihr, Werbeaufträge zu ergattern, etwa vom Spielzeughersteller *Abbatt Toys*. Während sie dieser Tätigkeit nachging und auch weiterhin Fotoreportagen in Magazinen publizierte, deren Fokus auf politischen Kampagnen lag, wie dem *Geographical Magazine,* in dem eine Reportage über die Minenarbeiter im walisischen Rhondda Valley erschien (1936) und eine über das Industriegebiet Tyneside (1937), verkehrten sie und ihr Mann mit prominenten Mitgliedern der Kommunistischen Partei Großbritanniens ebenso wie mit Flüchtlingen aus Österreich und Deutschland. Die britische Staatspolizei spürte dem sozialen Leben des Ehepaars nach und verhörte manche von ihnen, Lotte Moos etwa erklärte der Leiterin des Holloway Gefängnisses 1940 (allerdings unter dem Druck der Internierung): »Ich lernte Edith Tudor-Hart durch Edith Bone kennen, eine Zufallsbekanntschaft meines Mannes aus Berlin, die dachte, Frau T.-H. könnte mich in ihrer Dunkelkammer beschäftigen. Das war im Sommer 1934. Ich ging hin, weil ich hoffte, Arbeit zu finden. Doch es gab dort kaum etwas zu tun, und später (…) gingen wir dort vor allem hin, um ein Bad zu nehmen (…) und ich, um meine Sachen zu waschen und zu bügeln, und um Abzüge von Fotos zu machen, manchmal auch, um etwas Gutes zu essen, denn Frau T.H. hatte eine gute Köchin. Tatsächlich taten das viele Flüchtlinge. Es standen immer zwei Polizisten in Zivil an der Ecke, die man schon von weitem sehen konnte. Ich erwähne das nur, um zu sagen, dass der Grund, warum wir dort hingingen, völlig harmlos war, und wir uns nichts aus ihnen machten. Frau T.H. kannte unsere politischen Neigungen, doch weder ich noch mein Mann hatten in politischer Hinsicht etwas mit ihr zu tun und in persönlicher eigentlich auch nicht. Als sie mal nach Cornwall fuhr, erlaubte sie mir, eine Woche bei ihr zu wohnen. Sie war sehr gastfreundlich.«[9] Moos' Mann, Brian Good-Verschoyle, war ein, wie sich später herausstellte, Komintern-Agent; er tauchte später in der Sowjetunion unter.

1936 kam Ediths Sohn Tommy zur Welt, die Ehe mit Alexander war zu diesem Zeitpunkt nicht mehr intakt, einer Aussage in der Akte Tudor-Hart zufolge erhielt sie von diesem auch keine finanzielle Unterstützung. Nachdem der Spionagering um Percy Glading aufgeflogen war und das *Secret Service Bureau* Edith verdächtigte, die Kamera für Glading besorgt zu haben, wurde ihre Überwachung verstärkt, ihre Wohnung regelmäßig durchsucht, die Post abgefangen und das Telefon abgehört. 1942 wurde ihr Atelier in der Duke Street im Zuge des Blitzkriegs zerstört, und sie war aus finanziellen Gründen gezwungen, in einem Fotolabor, außerdem als Haushälterin zu arbeiten. Sie brauchte das Geld nicht nur für sich und ihren Sohn, dessen Autismus immer deutlicher wurde, sondern auch für ihre Mutter und ihre beiden mit ihr im Exil lebenden Vettern.

1951 flohen Donald MacLean und Guy Burgess, zwei Mitglieder der *Cambridge Five*[10], nach Moskau. Kim Philby, ein weiterer Verbündeter, wurde daraufhin verdächtigt, sie gewarnt zu haben; Schlagzeilen über seine Vernehmung durch den MI5 zierten die britischen Zeitungen. In dieser Atmosphäre der Angst zerstörte Edith ihren Studiokatalog und zahlreiche Negative sowie Fotografien aus ihrem Archiv, von denen sie meinte, dass sie sie und ihre Freunde belasten könnten. Philbys Verhör ging glimpflich für den Beklagten aus; er wurde von allen Verdächtigungen freigesprochen.

Tatsächlich hatte der MI5 zu diesem Zeitpunkt keine sicheren Beweise für Ediths Mitarbeit beim sowjetischen Geheimdienst. Dort konnte man nur spekulieren, und die Liste der Vermutungen war lang, man meinte, sie sei während des Krieges Kontaktperson des Geheimdienstes gewesen, vielleicht auch eine Talentesucherin oder eine Verbindungsfrau und Mittlerin zwischen der Kommunistischen Partei in Großbritannien und der in Österreich im Exil; mit Sicherheit konnte man nur sagen, dass sie mit hochrangigen Kommunisten und bekannten sowjetischen Spionen in Verbindung stand.

Diese Beweislosigkeit fällt auf, wenn man die Akte durchliest. Erst in den sechziger Jahren, nachdem Philby wie seine Verbündeten vor ihm in die Sowjetunion geflohen war und Anthony Blunt ein Geständnis abgelegt hatte, gab auch Edith zu, als kommunistische Agentin tätig gewesen zu sein. Der ehemalige MI5-Agent Peter Wright beschreibt in seinem Buch *Spycatcher*, wie dieser Spionagering, der dem britischen Geheimdienst vollkommen entgangen war, funktionierte: Litzy Friedmann habe die Nachrichten der *Cambridge Five* Edith gegeben, diese habe sie an Bob Stewart weitergeleitet.[11] Stewart war einer der Gründer und ein prominentes Mitglied der britischen KP, Litzy Friedmann war eine Freundin und Agentenkollegin Ediths, sie stammte ebenfalls aus Wien, war auch Jüdin und hatte wie Edith einen überzeugten Kommunisten geheiratet: Kim Philby –

die Personen Edith Tudor-Hart, Litzy und Kim Philby haben sich inzwischen von den konkreten Menschen gelöst und sind Figuren geworden, Legenden, und mir scheint, nachdem ihr Leben solcherart in die Öffentlichkeit gezerrt wurde, ist es aus heutiger Sicht gerechter, ihre Namen zu nehmen, Eckpunkte ihrer Biografie, aber Spekulationen anzustellen: Geschichten zu erfinden und sie Mythen sein zu lassen; wenigstens als solche ist ihre Privatsphäre geschützt.

Wie einer Legende nähert sich Barbara Honigmann ihrer Mutter Litzy: Sie, die von unverborgener, eigentlich *unverbergbarer* österreichisch-ungarischer Herkunft (ihr allgegenwärtiges, rollendes R) gewesen war, sei eine Meisterin der Konversation gewesen und voller Widersprüche. Entweder sie habe zu viel gesprochen oder alles verschwiegen, sie habe geradezu vor Temperament übergeschäumt oder sei apathisch in sich zusammengefallen, sie sei die ganze Nacht wach geblieben oder schon um neun Uhr ins Bett gegangen, sie habe sich mit dem Allernötigsten begnügt oder das Geld zum Fenster hinausgeschmissen. Verschwiegenheitssüchtig, geselligkeitssüchtig, von vollkommener Schmerzlosigkeit (nicht ein einziges Mal habe sie sich über Schmerzen beklagt), eine chaotische, genialische Kleiderschöpferin, die nichts aufgehoben und immer die Contenance gewahrt habe. Nur ein Mal wird sie von ihrer Tochter ohne Maske ertappt: »Da standen sie beide in einer Umarmung, im dunklen Hausflur, und küßten sich, dann aber bemerkten sie mich, und meine Mutter entzog sich geniert und ein bißchen aufgelöst aus Onkel Witos Armen, er jedoch lachte laut und gab ihr einen Klaps und schubste sie ganz fröhlich die paar Stufen zu unserer Wohnung hoch, und es war gar nicht die Intimität, die mich beunruhigte, sondern der Zustand der Aufgelöstheit und Verschüchtertheit meiner Mutter, als wäre sie die Tochter und nicht ich. (...) Es tat mir weh, meine Mutter so klein zu sehen, und es scheint mir, daß immer etwas Verschämtes zwischen ihnen gewesen ist. Onkel Wito war jünger als sie, nach der Scheidung meiner Eltern war er ebenso plötzlich an der Seite meiner Mutter aufgetaucht, wie die neue Frau an der Seite meines Vaters. Und er war ein richtiger Deutscher, also kein Jude.«[12]

Das schwierige Verhältnis ihrer Eltern zu Deutschland (aber auch ihr eigenes) thematisiert Barbara Honigmann in ihrem Essayband *Damals, dann und danach:* »Er [mein Vater Georg Honigmann] bezeichnete sich voller Selbstbewußtsein als assimilierten Juden, damit eigentlich als Unjuden, weil sich sein Judentum auf sein, leider, sehr semitisches Aussehen und den Verfolgungswahn der Nazis beschränkte, also völlig außerhalb seines Willens oder seines Bekenntnisses lag. Das konnte meine Mutter so nicht von sich behaupten, und deshalb behauptete sie es auch gar nicht, sondern schwieg lieber über die jüdische Welt, aus der sie kam.«[13] In *Selbstporträt als Jüdin* beschreibt Honigmann dieses Schweigen näher. Als Jugendliche habe sie die Eltern oft mit ihrem Judentum konfrontiert, doch ihre Mutter habe dazu nichts gesagt, ihr Vater hingegen habe geantwortet: »Nicht die Juden vom Schtetl waren *unsere Leut*, sondern die Männer der kommunistischen Idee waren es. Außerdem bin ich ein deutscher Jude, ein jüdischer Deutscher, die wollten mich aus Deutschland weg haben, aber ich bin wiedergekommen, das gibt mir Genugtuung. Ich gehöre hierher, auch wenn es mir hier kühl und leer ums Herz ist.« Diese Kühle und Leere, schreibt Honigmann, sei nicht nur davon gekommen, »daß aus dem Sozialismus, den meine Eltern aufbauen wollten, nichts wurde, sondern auch davon, daß sie vollkommen zwischen den Stühlen saßen, nicht mehr zu den Juden gehörten und keine Deutschen geworden waren«.[14]

Vielleicht ging es Edith ähnlich; vielleicht musste auch sie während der Ereignisse vor dem Ausbruch des Zweiten Weltkriegs erkennen, dass sie sich irrtümlicherweise als Österreicherin gesehen und gefühlt hatte. Als sie die Möglichkeit hatte, sozialistisch geprägt durch ihren Vater, eine neue Identität als antifaschistische Kämpferin anzunehmen, war dies in ihren Augen kein Tausch, sondern die Korrektur eines Bildes, das sich die Öffentlichkeit von ihr gemacht hatte: Von dieser als Jüdin stigmatisiert bzw. auf das Judentum reduziert, meinte sie vielleicht, ihre neu erworbene Identität als Widerstandskämpferin würde dieses Stigma überdecken. Schließlich überdeckte sie das Jüdische ein zweites Mal durch ihre Heirat mit Alexander Tudor-Hart, der sie zu einer Britin machte. Auch Litzy heiratete einen Engländer, und auch sie wurde durch diese Eheschließung britische Staatsbürgerin, was ihr wie Edith die Emigration nach Großbritannien ermöglichte; in beiden Fällen rettete sie die Heirat vor allem auch vor dem austrofaschistischen Regime. Nach ihrer Ankunft in England setzten die Frauen ihr politisches Engagement fort und halfen anderen Flüchtlingen, beherbergten diese sogar in ihren Wohnungen, die zu Treffpunkten von Emigranten aus ganz Europa wurden.

Litzy war bloß zwei Jahre jünger als Edith; sie waren Freundinnen gewesen. 1984 kehrte Litzy nach Österreich zurück, sie mietete eine Wohnung im Wiener Bezirk Wieden und »wohnte dort fast bis zu ihrem Lebensende. An der Wohnungstür, an ihrem Briefkasten und unten am Klingelbrett neben der Haustür las man auf ihrem Namensschild: Dr. John. Nicht, daß sie unter einem falschen Namen logierte, sie hat nur einfach das Namensschild des Vormieters nie ausgewechselt. Es war keine richtige Lüge, aber es war auch nicht die Wahrheit.«[15]

2. Im Visier

Wenn man die MI5-Akte durchsieht, eröffnet sich einem Ediths Leben in verkehrter Reihenfolge: Die jüngsten Berichte befinden sich zuoberst, die ältesten zuunterst auf dem Stapel. Diese Ordnung wurde auch nicht verändert, nachdem die Akte geschlossen wurde. So wird Edith mit den Jahren jünger, die Umzüge, Adressänderungen werden häufiger, die Krankheit ihres Sohnes Tommy, sein Autismus, undeutlicher, und ihr Vater ist noch am Leben; ein Brief an seine Tochter, gemeinsam mit fotografierten Banknoten, ist Teil der Akte.

Auch Ediths Ehe, die zu Beginn der Berichte geschieden ist, scheint sich selbst zu heilen: In der Mitte des Stoßes wird von Beatrice Swan berichtet, die mit Alexander Tudor-Hart zusammengezogen sei, am Ende haben Edith und Alexander als frisch Verliebte noch nicht zueinandergefunden... An einem Donnerstag schreibt sie ihrem Geliebten einen Brief, der sorgfältig kopiert, übersetzt und in mehrfacher Ausfertigung an diverse Geheimdienstchefs geht: »Verzeih mir Alexander, ich kann dir nichts mehr schreiben – wir schreiben nur so vorbei aneinander. Ich kann dir nichts mehr erklären, denn du weißt, es klingt immer ekelhaft, und du wirst meine Situation bald, früher oder später auch ohne mehr Briefe verstehen. Ich hätte dir vieles zu erzählen, vieles über die Parteiarbeit, über einige Genossen und Freunde, über Wien – aber dir kann ich solche kameradschaftlichen Berichte jetzt nicht schreiben, wo du es ablehnst mein Lover zu sein. Ich kann nur zu Gott hoffen, daß ich ein bißchen *developed* bin seit letzter Zeit, so daß ich dir verständlich machen kann, daß es für mich jetzt um's Ganze geht (…). Ich habe kein freundschaftliches (oder irgendwelches) Verständnis mehr für einige Dinge in deinem Leben. Ich verstehe nur das eine, daß du deine Kinder nicht verlassen kannst und sollst und willst. Alles andere ist mir mystisch wie z.B. (…) was zwischen dir und Alison ist und was dich überhaupt an mich bindet. (…) Ich verstehe deinen kindlichen Sadismus nicht, wenn du schreibst, *I have not seen A. for 2 weeks, I think it is much better so, it may even lead to divorce* etc. als eine Heldentat. Da kann man nur gratulieren! Ich schreibe dir jetzt aus langer Überlegung – I am convinced that one can get rid of anybody if one wants to – ich weiß ganz gut, daß die Liebe nie aufhört – ich spüre das ebenso wie du für alle meine Vergangenen. (…)

Vielleicht wirst du nach den zwei Jahren eine Frau finden, vielleicht auch nach einem – vielleicht brauchst du gar keine oder vielleicht findest du wieder zu Alison, vielleicht glaubst du's nicht, ich will aber wieder versuchen, ob's nicht allein geht, zwar schlecht aber doch. Glaub's; und schreib mir keine Liebesbriefe und nix von der Zukunft, man soll einen kranken Hund nicht reizen.«[16]

Es existieren fünf verschiedene Textsorten in der Akte Tudor-Hart: 1) die internen Memos und Briefe, 2) die abgefangene Korrespondenz von und an Edith, 3) die Transkriptionen der aufgezeichneten Anrufe, 4) die Berichte der Überwacher und 5) die Zusammenfassung von Verhören anderer sie betreffend; ihre Verhöre sind nirgends zu finden –

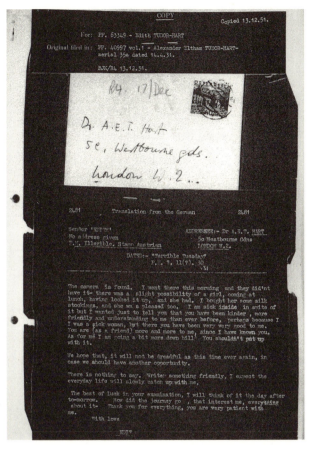

Übersetzung eines Briefes von Edith an Alexander Tudor-Hart und Umschlag (The National Archives, Kew, KV 2/1012)

bis auf eine Ausnahme, gäbe es diesen Bericht vom 24. Februar 1947 nicht, könnte man meinen, sie wäre niemals verhört worden. Es muss frustrierend gewesen sein:

Die Agenten wurden nicht fündig, und da sie nichts gegen sie in der Hand hatten, konnten sie diese Informationen nicht nutzen, um sie in einem Verhör zum Sprechen zu bringen; dass sie es versuchten, steht außer Zweifel. Dazu der *spycatcher* Peter Wright: »Bob Stewart and Edith Tudor Hart, both of whom were involved as couriers for the Ring of Five in 1939–40, were approached. Neither would talk. They were disciplined soldiers, and had spent too long in the game to be broken.«[17]

Die Observationsprotokolle hingegen sind detailliert (wenngleich die Agenten nicht gut informiert waren); viele gaben sich Mühe, Ediths Gefühlsleben zu erahnen. In einem Bericht vom 11. Mai 1942 etwa stellt der Beobachter, nachdem er ihr zwei Tage lang gefolgt ist, die Vermutung an, dass es sich bei dem kleinen Jungen, der Edith begleitet, um ihren Sohn handeln muss: »The boy is undoubtedly the son of Tudor Hart and she shows a good deal of affection for him, but he must cause her a good deal of worry as his nerves are in a bad condition.« Diese Beobachtung wird ergänzt durch: »Tudor Hart takes a prominent part in the running of Studio Sun but from her dress and habits she does not seem to be in affluent circumstances. She shares a flat with her cousin, who might easily pass for her brother, and this flat is poorly furnished and in an untidy state, probably owing to the nerves of the boy.«[18]

Diesen Worten ist zu entnehmen, dass ihr Beschatter auch in ihrer Wohnung war und diese durchsucht hat; Berichte zu Wohnungsdurchsuchungen finden sich nicht in der Akte, Ediths Alltag aber wird genau beschrieben: Am 6. Mai 1942 etwa verließ sie das Studio Sun um 12.50 Uhr auf dem Weg zum Geschäft Selfridges, wo sie in der Lebensmittelabteilung Einkäufe erledigte, ehe sie im Café in der Blandford Street ein Mittagessen zu sich nahm. Um 13.55 kehrte sie zum Studio zurück, ging aber wieder um 16.40 aus. Sie hatte ein Päckchen bei sich, das an Dr. E. Broda adressiert war; dieses gab sie im Postamt in der Baker Street auf. Danach kehrte sie im Dutch Oven Restaurant für ein kleines Abendessen ein, ehe sie ihren Sohn von der Klinik abholte und ihn nach Hause führte. Sie wurde von ihrem Beobachter erst wieder um 21.15 gesehen – wohin sie ging, wird jedoch nicht vermerkt. Stattdessen setzt der Bericht am 7. Mai fort. An dem Tag wiederholte sich die Routine: 12.20 Mittagessen im Café, danach Einkäufe. Um 16.50 machte sie sich auf den Weg ins Spital, um ihren Sohn abzuholen und nach Hause zu gehen. Um 18.45 verließen beide das Haus und kamen in Maresfield Gardens um 19.15 an, wo sie, so der Schreiber, Zeit vertrödelten, ehe sie klingelten. Dies war das Haus Martha und Anna Freuds, bei der Tommy in Behandlung war – ein Detail, das einem abgefangenen Brief an Martin Leopold Hornik, Camp A, Farnham, Quebec, Canada, zu entnehmen ist. Unter dem Abschnitt betitelt mit »Comment« findet sich eine Zusammenfassung des Briefes: »Adressee is on the Security List. – Friend of internee writes to greet him on his return to England. She explains her long silence on two grounds. First, that she was always expecting his return; secondly, that she has devoted every spare minute to her child Tommy whose mental development has not kept pace with the physical. He is now having treatment on the advice of Anna Freud and the prospects for his recovery are excellent. George and many other friends will be delighted to see adressee. Fredl has told her much about their life (in Canada). She hopes he will soon be released and thanks him for his parcels.«[19]

Es scheint passend, dass eine Frau, von der man annahm, dass sie als Spionin arbeitete, mit einem Fotoapparat umzugehen wusste – zu passend, fast schon ungeschickt: Man sollte meinen, dass es für eine Tarnidentität bessere Möglichkeiten gegeben hätte, harmlosere, im Sinne von: für die, den Kommunismus fürchtende, britische Regierung weniger offensichtlich bedrohliche, Verkäuferin oder Modistin anstatt Sammlerin von Wissen und Beweisen. Dennoch könnte das Fotografieren tatsächlich nur Tarnung gewesen sein, denn Edith gab den Beruf später völlig auf, nachdem sie einen Teil ihres Archivs aus Angst vor weiteren Verhören verbrannt hatte. Vielleicht war aber auch dies ein Zeichen ihrer Resignation, der Erkenntnis, dass das, wofür sie gekämpft hatte, eine sozial gerechtere, bessere Welt, zunehmend in die Ferne gerückt war. Letztlich könnte es sich bei ihrer neuen Berufswahl als Antiquarin (ab 1960) auch um ein Signal an die britischen Verfolger gehandelt haben: dass sie nun, endlich, nach all den Jahren des Nachspionierens, Beobachtens, Abfangens, Abhörens kapituliert hatte. Auch am 20. Juli 1944 beispielsweise hatte sie einen unsichtbaren dritten Zuhörer:

»A foreigner, whose name sounded like Erlich, rings from Welbeck 2102 Edith Tudor-Hart at Maida Vale 6565, and has the following conversation with her in German:

E. Can't you come tonight?

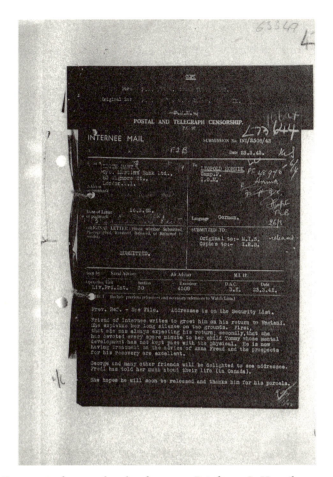

Zusammenfassung des abgefangenen Briefes an L. Hornik, 23. März 1942 (The National Archives, Kew, KV 2/1013)

ETH. No, I am waiting for someone to come. They are going to phone me.

E. Perhaps you will discuss it with him. One moment.

Jimmy comes to the phone to speak to Edith – in English – and tells her to leave her visit till next week. He tells her to come to ›our place in Bedford Street‹.«[20]

Es gibt etliche solcher Aufzeichnungen, nicht nur von ihren Telefonaten, auch von ihren Finanzen: In einem Memo, geschrieben von M. J. E. Bagot, einer Miss Bagot, wie ich mit der Zeit herausfinde, heißt es: »I am making some enquiries about Mrs. Edith Tudor-Hart, née Suschitzky«. Sie sei britische Staatsbürgerin, vormals Österreicherin und Mitglied des Zentralkomitees sowie Rechnungsführerin der Kommunistischen Partei Österreichs. Neben ihren politischen Aktivitäten sei sie als Fotografin tätig und habe ein Atelier in der Duke Street. »It is believed that this woman has an account at Martins Bank, 88 Wigmore Street, W.1. I should be grateful if you could look into her account.«[21]

Guy Poston antwortete am 16. April 1942: »An examination of this woman's account at Martins Bank, 88 Wigmore Street, W.1. was, I am afraid, very unproductive of results. (…) I examined the account from the beginning of the war, and could find nothing of interest on either side. (…) I was particularly on the look-out for foreign names, but these were few and far between. I did notice one payment to Hornik £7 0s. 4d. in 1939, a single payment of £15 to Lowen, and two small payments to Walter Nuki and Germaine Kanova.«[22]

Das Interessante an diesen Texten ist meist nicht ihr Inhalt; vieles ist eine Wiederholung von Bekanntem, Ediths Eckdaten werden gebetsmühlenartig wiederholt, wo und wann sie geboren wurde, wann und wen sie geheiratet hat, dass sie Kommunistin sei, und so finden sich auch mehrere Beschreibungen ihres Aussehens im Dossier, die alle in etwa lauten: »Description: b. 28.8.08, 5'8", medium build, brown hair, light coloured eyes, slightly fresh complexion, wearing light coloured horn rimmed glasses. Dressed in black dress, pinkish red coat, light stocking, black suede rubber sole shoes, no hat. Foreign Jewish appearance.«[23] Stets darauf bedacht, objektiv zu klingen – ein Unterfangen, das zum Scheitern verurteilt ist, der Schreiber der Berichte sickert durch, *muss* durchsickern, schließlich ist sein Leben einer Tätigkeit gewidmet, die darin besteht, in einem anderen ein- bzw. unterzutauchen, das fremde Leben *artet* so zum eigenen Leben *aus* –, sind die Memos und Berichte vor allem deswegen interessant, weil es sich bei ihnen um vielstimmige Texte handelt: Sie alle wurden nachträglich mit handschriftlichen Bemerkungen oder Notizen versehen. Unter dem Namen Walter Nuki zum Beispiel steht eine Aktennummer (er wurde demnach ebenfalls vom Britischen Geheimdienst *biografiert)* sowie die Information: »Dentist, member of Austrian Centre.« Hornik, dem Tudor-Hart sieben Pfund schickte und dessen politische Überzeugung den SIS sehr beschäftigte, ist auch im Besitz einer Aktennummer, und alle Briefe, die Edith an ihn sendete, wurden vom »Postal Censorship – Prisoner of War Section« abgefangen, kopiert, übersetzt und archiviert.

1945, schreibt Duncan Forbes, habe eine Person, die Edith nahegestanden sei, die Seiten gewechselt: Sie begann, Edith und deren Kreis auszuspionieren und dem

MI5 regelmäßig Bericht zu erstatten. Unter der Nummer 89aa findet sich ein Auszug einer nicht näher spezifizierten Aussage; es geht um Engelbert Broda, den Atomphysiker: »Although I have no definite proof, I have always suspected Broda of being engaged in scientific espionage, and according to Edith Tudor-Hart he has for some time occupied himself with secret scientific research at Cambridge connected with atomic energy. She stressed Broda's importance to the Party in view of his qualifications and connections. In view of the intimate relations existing between Edith Tudor-Hart and Broda, it must be presumed that she is well informed of her lover's activities.«[24]

Inoffizielle Mitarbeiter nannte man sie in der DDR, die Menschen, die ihre nähere Umgebung, Nachbarn, Freunde, Verwandte oder Bekannte ausspionierten. Auf einen offiziellen Stasi-Mitarbeiter seien zwei inoffizielle Mitarbeiter gekommen, schreibt Helmuth Schmidt, der gegen die Ausweisung Wolf Biermanns aus der DDR protestierte und dafür verhaftet wurde. In den Augen des DDR-Regimes seien sie »besonders pflichtbewusste Diener des Staates« gewesen. Im Nachbarhaus seiner Großeltern, so Schmidt, habe Ingeborg Kameke gewohnt: »Dies war der Klarname der IM Inge Tabbert, die mich in den ersten Jahren in Parchim zu überwachen hatte. IM Inge Tabbert war, wie ich aus den Stasi-Akten entnehmen konnte, eine regelrechte Klatschbase, und ich habe Zweifel, ob die Stasi mit ihren Berichten wirklich etwas anfangen konnte. Sicher hat der Führungsoffizier Leutnant Janke gelacht, wie ich gelacht habe, als ich in einem Bericht von IM Inge Tabbert las, daß ich mit einer Frau zusammen gewesen sei, ›die vorne keine Zähne im Mund‹ hatte.«

Den Anwerbeprozess der IMs habe man in den Akten nachlesen können, fährt Schmidt fort, über die Klar- und Decknamen habe es aber keine schriftlichen Aufzeichnungen gegeben, nur der Führungsoffizier habe die wahre Identität eines IM gekannt: »Ein IM mußte sich schriftlich, meist handschriftlich verpflichten, über seinen IM-Status Stillschweigen zu bewahren unter Androhung von Strafverfolgung beim Bruch dieses Stillschweigens. Also wußten auch mehrere IMs in einer großen Behörde oder in einem großen Betrieb nichts voneinander. Das war ja das Teuflische: Jeder im Wohnungsumkreis, jeder am Arbeitsplatz, jeder im Sportverein, im Gesangsverein konnte ein IM sein.«[25]

Hier wird ganz klar: Die Unterscheidung zwischen dem Privaten und dem Öffentlichen gilt nicht für jene, die auf *Security Lists* aufscheinen, jede Information ist öffentlich, im Sinne von: wichtig für die Öffentlichkeit bzw. für die öffentliche Sicherheit. In einer ähnlichen Situation befand sich Edith Tudor-Hart; Großbritannien war im Krieg, die Sowjetunion war zwar ab 1941 ein Verbündeter, dennoch waren die Kommunisten verdächtig, und Ediths Kreis wurde gründlich ausspioniert: In der Akte finden sich die Namen und eine Kurzbeschreibung all jener, die sich mit Edith trafen, und folgende Entwarnung (?): »Edith Tudor-Hart, who has no job at present but intends to establish a photographic studio of the kind she ran before, has gathered around her rather an interesting circle of intellectuals, some of whom are members of the Communist Party and some only sympathisers. These people are in the habit of meeting more or less regularly at each other's flats and discussing politics from the Communist point of view but avoiding narrow-minded official party line and propaganda slogans which usually prevail at Communist gatherings. They admit frankly, and sometimes cynically, their totalitarian aims and methods with all the hardship and ›unavoidable‹ atrocities involved, yet which are justified by the cause. Neither do they refrain from criticising Russian policy if they find it to be inconsistent with Communist theory.«[26]

Die Änderung von Ediths ideologischer Gesinnung wird nicht nur an dieser Stelle der Akte erwähnt; schon mit dem Einzug ihrer Cousins in ihrer Wohnung wird spekuliert, dass diese, die als Sozialisten beschrieben, zunächst allerdings verdächtigt werden, verdeckte Kommunisten zu sein, einen guten, »mäßigenden« Einfluss auf Edith hätten. Schützenhilfe bekämen sie von Martin Leopold Hornik und Dr. Loew-Beer, die beide (wie auch Edith später) in Opposition zur Österreichischen KP stünden. Letzterer habe Edith sehr geholfen, als sie von ihrem Mann ohne einen Penny verlassen wurde.[27]

Informationen wie diese ohne Urheberangabe scheinen zu beweisen, dass ein Freund oder guter Bekannter Edith ausspionierte. Es ist jedoch nicht auszuschließen, dass dies eine Information war, die Edith gewillt war, ihren Vernehmern zu geben, im Tausch gegen ein paar Tage, Wochen oder Monate Ungestörtheit. Sie wurde etliche Male verhört, von all diesen Verhören existiert jedoch keine Aktennotiz, nur von diesem: Am 24. Februar 1947 schrieb der Befrager: »Mrs. Tudor Hart has at last admitted that she used to work for the Russian Intelligence in Austria and Italy in 1932–3. She worked for a Russian Colonel, and ran a photographic studio in Vienna as a cover for her Intelligence work, together with a Russian who was also her boy friend.«[28] Sie sei später von der österreichischen Polizei festgenommen, jedoch bald wieder freigelassen worden, da diese keine Beweise finden konnte. Nach der Entlassung aus der Haft habe Edith den Befehl aus Moskau erhalten, ihre Tätigkeit als Spion aufzugeben.

Drei Absätze enthält dieser Bericht, mehr nicht. Und er bezieht sich auf die Zeit vor dem Ausbruch des Zweiten Weltkrieges, die Zeit vor Ediths Heirat mit Alexander Tudor-Hart. Ihn habe sie geheiratet, nachdem sie ihre Agententätigkeit aufgegeben habe, gab sie zu Protokoll, sie sei erst später nach England gekommen, nachdem sie 1929 bereits als »unerwünschte Ausländerin« des Landes verwiesen worden war. Diese Aussage wurde überprüft, unter der Jahreszahl 1929 befindet sich ein Pfeil mit der Anmerkung »Jan. 1931«.

3. Das Verhör

Die Verhörsituation bringt laut Michael Niehaus trotz ihrer Besonderheit etwas sehr Allgemeines ins Spiel, nämlich: »die unauflösliche Beziehung zwischen Kommunikation und Gewalt«.[29] Die Beziehung zwischen dem Befrager und dem Befragten ist ein kommunikatives Gewaltverhältnis, denn zum einen ist ein Verhör immer mehr als

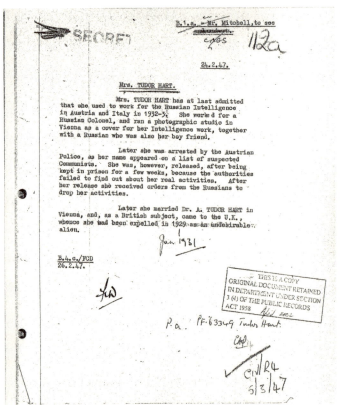

Bericht über ein Verhör, 24. Februar 1947 (The National Archives, Kew, KV 2/1014)

bloße Gewaltausübung, zum anderen handelt es sich dabei um mehr als bloße Kommunikation, *Zwangskommunikation* ist der Begriff, den Niehaus einführt –

im Verhör geht es darum, den Menschen zum Sprechen zu *bringen:* »Und der Zwang wird von einer Instanz ausgeübt, die sich ein Recht auf dieses Wahrsprechen zuschreibt.

Ohne eine Instanz, die ein Recht auf das Wahrsprechen des Subjekts beansprucht, gäbe es kein Verhör. Und das heißt: ohne die institutionelle Dimension des Sprechens gäbe es kein Verhör.« Allerdings ist diese *institutionelle Dimension* problematisch, Gesetzbücher schweigen sich über sie aus oder bezeichnen sie als Vernehmungen, in Ediths Akte etwa finden sich Transkriptionen von Telefongesprächen, aber nur eine kurze Zusammenfassung eines Verhörs. Rechtsstaaten, erklärt Niehaus, könnten Zwangskommunikation nicht gesetzlich vorschreiben, doch wir würden Zwangskommunikation, genauer gesagt, den Zwang, die Wahrheit zu kommunizieren, kennen, weil wir sie in uns trügen: »weil der Anspruch auf Wahrsprechen unsere Kommunikationen durchzieht, auch wenn er keinen gesetzlichen Ort haben kann«. Eine Theorie des Verhörs impliziert demnach die »historische Dimension, in der sich das Recht auf Wahrsprechen in einem institutionellen Kontext als ein Recht des Staates formiert hat«.[30]

Im antiken Griechenland durften nur Sklaven verhört werden, Bürger nicht, wobei das Verhör immer mit Folter verbunden war: *basanos*, so lautet der griechische Terminus, die Aussage unter Folter. Der Bürger, der *Freie*, der durch das Bürgerrecht geschützt war, konnte nur durch die Aussage der *Unfreien* ent- oder belastet werden, und auch nur, wenn die Aussage im Folterverhör gemacht worden war. Deutlicher kann man die Wurzeln, die Herkunft des Verhörs nicht bestimmen: die auf einem Ungleichgewicht basierende, durch unmittelbare Gewalt erwirkte Aussage. Ein Verhör ohne Gewalt ist undenkbar, ebenso ist ein Verhör unter Gleichberechtigten unmöglich. Das Individuum muss bereits vor Beginn des Verhörs rechtlos bzw. rechtlos gemacht, zu einem Un-Bürger erklärt sein, damit es sich der institutionellen Gewalt nicht mehr entziehen kann bzw. damit diese auf ihn ausgeübt werden darf. In Griechenland schlug sich die Gewalt, die das Verhören impliziert, unmittelbar auf das rechtlose Individuum, dessen unfreien Körper, nieder. Dass das Folterverhör eingesetzt werden durfte und musste, bedeutete jedoch nicht, dass die Unehrlichkeit des Unfreien, seine größere Bereitschaft zur Lüge vorausgesetzt wurde, vielmehr war dem Status des Sklaven bereits ein Gewaltverhältnis inhärent, das diesen davon abhalten konnte, die Wahrheit zu sagen: Der Unfreie war unfrei in jeder Hinsicht. Der Sklave konnte beispielsweise zu ängstlich sein, um gegen seinen Herrn auszusagen, unter dem Druck der Folter jedoch würde er dazu gezwungen werden, die Wahrheit zu sagen; die Angst vor den Schmerzen, die die Folter ihm zufügen würde, wäre größer als die vor der Bestrafung, die er von seinem Herrn erwarten konnte. (Im antiken Rom wurde diese Vorgabe einer Änderung unterworfen: Hier durften Sklaven nur für eine Aussage, die ihren Herrn entlasten, nicht aber belasten konnte, gefoltert.) Dabei wurde die Aussage des Sklaven als Zeugenaussage gewertet, nicht als Geständnis: Er war keinesfalls der Verdächtige, der gestehen sollte, sondern ein Zeuge, Mitwisser oder ein von jeder Mitverantwortung ausgenommener Komplize (ein vollwertiger Mittäter würde das Verbrechen nicht unter Zwang ausüben, der Unfreie hingegen schon). Auf dem Gebiet des Rechts war dieses Gewaltverhältnis ein »Fremdkörper, den es in seiner Umwelt bereits vorfindet. Um auf die Idee zu kommen, daß man die Preisgabe von Informationen mit Gewalt erpressen kann, bedarf es keiner Erfindungskraft. Sobald es in einem Gemeinwesen zu Situationen kommt, in denen der Besitz von bestimmten Informationen für wichtig gehalten wird und es sich beim Träger dieser vorenthaltenen Informationen um ein Subjekt handelt, das nicht durch die Regeln des Zusammenlebens vor einem gewalttätigen Zugriff geschützt ist, stellt sich die Option zu dieser Praxis gleichsam von selbst ein.«[31] Diese Folter war ihrem Wesen nach *exzessiv*, weil sie ein reines Gewaltverhältnis darstellte, dem keine Begrenzungen auferlegt waren. Das Ende des Verhörs trat nur dann ein, wenn der Verhörte tot war, oder wenn es zu einem Ergebnis, einem Erfolg geführt hatte, sprich: zu brauchbarer Information. Die Grenzenlosigkeit des Verhörs war auch dadurch gegeben, dass es sich bei dem einem Verhör ausgesetzten, entrechteten Opfer bloß um einen Träger von Informationen, nicht um einen Menschen oder, um im Geist der Zeit zu bleiben, nicht um einen *Freien* handelte. Der Körper des Sklaven konnte gegen diesen eingesetzt werden, denn er war Besitz des Bürgers; so wurde der Leib zu einem Schauplatz des Kampfes zwischen den streitenden Parteien.

Kurioserweise war das Recht auf Denunziation eines, das keinen Beschränkungen unterlag: auch jene Bevölkerungsgruppen, die kein Zeugnis- und Klagerecht hatten, das heißt Unfreie, durften freiwillig dem Gericht belastende Mitteilungen machen, die zur Basis für eine Klage werden konnten, es gab ihnen einen *gewissen* Rechtsschutz. Dazu Niehaus: »Weil in der Denunziation das Interesse des Staates an der Wahrheit schlechthin zum Ausdruck kommt, wird die Möglichkeit zur Denunziation das erste vollkommen gleichverteilte Gut. Das Recht auf Denunziation ist das erste staatlich garantierte Menschenrecht.«[32]

Auch im Mittelalter musste das Geständnis erzwungen werden; Foucault bezeichnet die Folter als den »schwarzen Zwilling des Geständnisses: Wenn das Geständnis nicht spontan oder aus irgendeinem inneren Imperativ diktiert wird, wird es erpreßt; man spürt es in der Seele auf oder entreißt es dem Körper.«[33] Seit damals sei uns die »Verpflichtung zum Geständnis« so tief in Fleisch und Blut übergegangen, dass sie uns gar nicht mehr als ein Zwang erscheine, sondern als zweite Natur.

Zu gestehen bedeutete, befreit zu werden: Die Wahrheit hatte nur den einen Wunsch, enthüllt zu werden. Zu diesem Zeitpunkt war das Geständnis in Form der Beichte institutionalisiert worden, die Gläubigen hatten sechs Mal im Jahr eine Pflichtbeichte abzulegen, seit dem IV. Laterankonzil 1215 beim eigenen Priester. Listen wurden eingeführt, um zu kontrollieren, ob auch termingemäß gebeichtet wurde, denjenigen, die gestorben waren, ohne dies zu tun, wurde das kirchliche Begräbnis und den Lebenden, die die Beichte verabsäumt hatten, das Betreten der Kirche verweigert. Eine »Theorie der Reue« gewann die Oberhand, die besagte, dass »in der Beichte nicht mehr die *contritio*, die vollkommene Reue als Zerknirschung gefordert wurde, sondern die *attritio*, die unvollkommene Reue aus Furcht vor Strafe genügte«. Erst diese »Verschiebung der Beichte auf eine Form periodischen Rechenschaftsablegens hin« ermöglichte ihre Verrechtlichung, betont Niehaus, die sich in den Vorschriften des IV. Laterankonzils vollzog. »Das Institut der Beichte regelt weniger das Verhältnis zu Gott als zu der Institution, die die Beichte entgegennimmt.«[34] Im Gegensatz zur Beichte war der gerichtliche Befehl, die Wahrheit zu sagen, nicht deshalb paradox, weil man nur freiwillig wahr sprechen konnte, sondern weil der Befrager vorschrieb, wie diese Wahrheit auszusehen hatte, und je weniger Zwang man anwenden musste, um ein Geständnis zu erhalten, desto besser, verwertbarer war es; es büßte durch die Abwesenheit von Gewalt nicht an Glaubwürdigkeit ein.

Heute, stellen Jo Reichertz und Manfred Schneider die Theorie auf, sei es zu einer »Ökonomisierung des Vernehmungsgeschehens« gekommen und damit zu einer Änderung der Rolle des Vernehmers. Er will nunmehr »vertrauenswürdiger Ratgeber« sein, doch ein wohlmeinender Ratschlag kann nur unter bestimmten Bedingungen als solcher akzeptiert werden: Bereits ab der zweiten Hälfte des 18. Jahrhunderts galt das Geständnis als eine kathartische Handlung, als Kur. »Die von den Kirchenvätern und Juristen so genannte *cura animorum* bildet bis auf den heutigen Tag das Modell der guten Geständniswirkung, an die alle wie an eine magische Macht glauben.«[35] Der Verhörte legt ein Geständnis ab, gibt auf diese Weise zu, schuldig zu sein, erkennt gleichzeitig die von ihm verletzten Regeln an und schafft damit die Voraussetzung für seine Wiedereingliederung in die Gesellschaft. Dass der Schuldige solch eine Beichte ablegen sollte, wird ihm

nicht durch Zwang beigebracht, sondern dadurch, dass er sich mit seinem Vernehmer in einem »Erziehungsverhältnis« befindet: »Kommunikative Geständnismotivierung kann gelingen, wenn sich die diskursive Praxis des Verhörs (bzw. der Vernehmung) die erzieherische Dimension der Verhörsituation zunutze macht. Mit dem Erziehungsdispositiv sind dabei diejenigen Praktiken angesprochen, die einen Zögling dazu motivieren können, zu tun, was zu seinem eigenen Besten ist, sich für die Situation zu öffnen, statt sich ihr zu verweigern. Der Zögling soll so in die Beziehung zu einem Erzieher eingebunden werden, dass er sich führen lässt.«[36] Übersetzt in die Gegenwart bedeutet dies, dass der Vernehmer dem Verhörten eine Kosten-Nutzen-Rechnung präsentiert, die diesem deutlich macht, in welchem Ausmaß er von einem Geständnis profitieren kann. Der Vernehmer wird zu einem Ratgeber und das Geständnis zum Ergebnis einer Beziehungsarbeit –
der Vernehmer muss sich in eine *authentische*, das heißt personale Beziehung mit dem Verhörten einlassen, denn ein guter Rat wird nur als ein solcher akzeptiert, wenn der Ratgebende glaubhaft versichern kann, sein Wissen und Urteilsvermögen ganz in den Dienst des Beratungswürdigen zu stellen; Voraussetzung für all dies ist natürlich auch, dass der Verhörte die Institutionen anerkennt, die im Hintergrund ihre Fäden ziehen. Damit aber dehnt sich das Verhör aus: Um die Vernehmung erfolgreich abschließen zu können, wird schon der Vernehmer des 18. Jahrhunderts dazu aufgefordert, so viel wie möglich über den zu Verhörenden in Erfahrung zu bringen, Name, Beruf, Familienstand sind selbstverständlich, wie er sich in den

Befragungen zuvor verhalten hat, auch, aber vor allem hat er sich darüber zu informieren, was für einen Charakter der Befragte hat bzw. was für ein Mensch er ist.

Das Verhör ist, wir haben es bereits festgestellt, *exzessiv*. Der Verhörte wird zur Rechenschaft gezogen, jede Schwäche ist willkommen, denn sie erleichtert das Erbeuten von Informationen, mangelhafte sprachliche Fähigkeiten etwa spielen dem Vernehmer in die *Ohren*, Susan Berk-Seligson stellt die Theorie auf, dass die Polizei in den USA absichtlich keine unparteiischen, professionellen Dolmetscher verwendet, um sprachliche Situationen zu schaffen, die zu erzwungenen Geständnissen führen; Dominanz, Macht und Kontrolle liegen bei demjenigen, der die Sprache der Institution beherrscht.[37]

So beginnt das Verhör bereits *vor* dem Verhör: Es geht nicht mehr bloß um das Sammeln von Beweisen, sondern um das Sammeln von *allen* Details, die zu einem Geständnis führen können. Das Ausnützen von Defiziten, die Wohnungsdurchsuchungen, das Abhören des Telefons, das Abfangen der Korrespondenz sind eine andere Art des Verhörens, vor allem dann, wenn das Opfer wie in Ediths Fall weiß, dass es unter Beobachtung steht. Wie einer *Unfreien* hat man ihr das Leben entzogen, sie besitzt es nicht mehr. Das, was man gemeinhin als privat bezeichnen würde, ist für sie ständig der *Veröffentlichung* preisgegeben. Das Verfügen über den Körper im antiken Griechenland findet seine Entsprechung im Verfügen über die Privatsphäre, oder anders gesagt: in der ständigen Kontrolle der Privatsphäre, die somit ihren Zweck verliert. Vielleicht

sollte ich nicht sagen: *wie* einer Unfreien, Edith ist tatsächlich eine Unfreie, sie steht außerhalb des Rechts, sie ist, wie Depenheuer sagen würde, »verfassungstheoretisch nicht Rechtsperson«, sondern »eine Gefahr, die um der Rechtsgeltung willen bekämpft werden muss«. Alle Mittel sind zulässig, wenn sie nur die Wahrheit zutage fördern
 – wir dürfen jedoch nicht vergessen: Die Wahrheit wird vom Vernehmer vorgeschrieben.

Dabei befand sich Edith all die Jahrzehnte, in denen sie der Sowjetunion gegenüber loyal war, zwischen den Stühlen: Als Kommunistin war sie den Anti-Kommunisten suspekt, als nicht gebürtige Russin und allzu westliche Europäerin den Sowjets. Sie hatte jedoch Glück; sie wurde 1938 nicht nach Moskau gerufen wie so viele ihrer Genossen und dem *Großen Konveyer* ausgesetzt, dem pausenlosen Verhör: »›Wir führen ein Verhör in gesitteten Formen. Wir schlagen dich nicht, aber wir verlangen, daß du die Wahrheit sagst. Und die wirst du sagen. Wir wollen deine wirkliche Schuld aufdecken. Du sollst gestehen, was du gegen die Sowjetmacht getan hast. Auf vorklausulierte Geständnisse, die du von vornherein dementierst, lassen wir uns nicht ein.‹ Er hatte gut reden. Er kam, frisch rasiert, nach einem guten Frühstück, ausgeschlafen, von seiner Frau. Ich hatte 140 Stunden nicht geschlafen, und mein ganzer Unterkörper war eine einzige Wunde. Er wußte genau, daß ich kapitulationsreif war. Er konnte jetzt jede Bedingung stellen. Vor acht Tagen noch hätte er solche vorklausulierten Geständnisse mit Freuden akzeptiert, die Klauseln fortgelassen und das Geständnis protokolliert.

Jetzt konnte er es sich leisten, zu warten. Ich würde jede Bedingung annehmen.«[38] Der polnisch-österreichisch-jüdische Kommunist Alexander Weißberg-Cybulski, der als Physiker 1933 nach Charkow geholt worden war, wurde einem Verhör unterzogen, das mit aller Gewalt Zeit an sich raffte, Zeitlichkeit; er sah sich mit einem Zustand der Befragung konfrontiert, dessen Zeitlosigkeit, unterstützt von der Ortlosigkeit des Verhörzimmers, eine Unendlichkeit suggerierte, die unerträglich war, die Unendlichkeit der Hölle: »Mit meinen letzten Kräften versuchte ich mich zu wehren. Ich spornte meinen Willen an, aber es ging nicht. Die Schmerzen im Unterkörper sprengten alle meine guten Vorsätze. Ich streckte die Beine von mir und versuchte mich ein wenig auf die Hände zu stützen, um die Leistengegend zu entlasten, aber ich war zu schwach, um diese Stellung länger als einige Minuten zu ertragen. Als ich es öfter tat, verbot es Resnikow. Auch Weißbrand, der ihn ablöste, machte mir keinerlei Konzessionen mehr. (…) Es war zum Wahnsinnigwerden. Wenn man geprügelt wurde, dann mußte man die Zähne zusammenbeißen, um die Folter, die eine Stunde lang dauern konnte, zu überstehen. Dann wurde man ohnmächtig. Hier wurde man nicht ohnmächtig, aber die Qual nahm kein Ende.«[39]

Obwohl Edith Tudor-Hart ein *Soldat* war, gelang es ihr nicht, die Verfolgung des Staates auf Dauer von sich abprallen zu lassen, und auch ihr Idealismus, der unter den Moskauer Schauprozessen, dem Nichtangriffspakt und den Auseinandersetzungen innerhalb der KPÖ gelitten hatte, hielt sich nicht länger; in den sechziger Jahren befragt, erklärte sie, keine Verbindung mehr zur Kommunistischen Partei zu haben. Doch auch wenn *sie* keine Verbindung mehr zum NKWD hatte, scheint es nur zu wahrscheinlich, dass *dieser* sie wie auch der MI5 bis zu ihrem Tod im Auge behielt: 1973 starb sie »besiegt und zermürbt«, so Duncan Forbes, als Antiquitätenhändlerin in Brighton. Im Unterschied zu ihrer Freundin Litzy prangte allerdings über ihrem Haustor in großen Lettern ihr Name: Edith Tudor-Hart –

vielleicht gaben ihr diese antiquarischen Stücke, der Trödel, Ramsch, die ehemaligen Besitztümer aus Wohnungsauflösungen, Schutz; vielleicht war dies auch Ediths Versuch, der Vergangenheit zu entgehen, an einem Ort unterzuschlüpfen, an dem die Zeit stillsteht.

Anmerkungen

1 Susan Sontag, *On Photography*, New York, 1977
2 Der Fokus dieser Vorlesung liegt auf Edith Tudor-Harts privatem Leben, aus diesem Grund spielt ihre Tätigkeit als Fotografin hier nur eine kleine Rolle. Ausführliche Essays zu Tudor-Harts fotografischem Werk sind in dem Bildband *Edith Tudor-Hart. Im Schatten der Diktaturen* (Ostfildern, 2013) zu finden.
3 Roberta McGrath, »Pass Nummer 656336« in: Duncan Forbes (Hg.): *Edith Tudor-Hart. Im Schatten der Diktaturen*, Ostfildern, 2013, S. 120
4 Annette Lechner, *Die Wiener Verlagsbuchhandlung »Anzengruber-Verlag, Brüder Suschitzky« (1901–1938) im Spiegel der Zeit*, Diplomarbeit Universität Wien, 1994, S. 18
5 Peter Stephan Jungk, *Die Dunkelkammern der Edith Tudor-Hart*, Frankfurt/Main, 2015; Zitat aus dem Manuskript, S. 30
6 Duncan Forbes, »Edith Tudor-Hart. Im Schatten der Diktaturen«, in Forbes (Hg.), a.a.O., S. 12

7 Lechner, ebd., S. 151/152
8 Zitiert nach Lechner, ebd., S. 151/Fußnote 435
9 Zitiert nach Forbes, ebd., S. 66/67
10 *Cambridge Five* wurden die Cambridge-Absolventen und MI6-Mitarbeiter Kim Philby, Donald Maclean, Guy Burgess, Anthony Blunt und vermutlich John Cairncross genannt, die als Doppelagenten für den NKWD, später KGB, tätig waren und die Sowjetunion mit Informationen über die Kriegsstrategie und Kernwaffentechnik der westlichen Alliierten versorgten.
11 Siehe: Peter Wright, *Spycatcher: The Candid Autobiography of a Senior Intelligence Officer*, New York, 1987
12 Barbara Honigmann, *Ein Kapitel aus meinem Leben*, München, 2006, S. 19
13 Honigmann, *Ein Kapitel aus meinem Leben*, a.a.O., S. 31/32
14 Barbara Honigmann, *Damals, dann und danach*, München, 2012, S. 14
15 Honigmann, *Ein Kapitel aus meinem Leben*, a.a.O., S. 49
16 National Archives, KV 2/1012 C600968, G184K1-G184K2
17 Peter Wright, *Spycatcher: The Candid Autobiography of a Senior Intelligence Officer*, New York, 1987, S. 249
18 National Archives, KV 2/1013 C600968, 58a
19 National Archives, KV 2/1013 C600868, 48b
20 National Archives, KV 2/1013 C600868
21 National Archives, KV 2/1013 C600868, 52a
22 National Archives, KV 2/1013 C600868, 53a
23 National Archives, KV 2/1013 C600868, 54a
24 National Archives, KV 2/1013 C600868, 89aa
25 Helmuth Schmidt, *Zorn und Trauer. Als politischer Gefangener in Zuchthäusern der DDR*, Hamm, 2006, S. 76
26 National Archives, KV 2/1013 C600868, 66a
27 National Archives, KV 2/1013 C600868, 69a
28 National Archives, KV 2/1014 C600868, 112a
29 Michael Niehaus, *Das Verhör. Geschichte – Theorie – Fiktion*, München, 2003, S. 11
30 Niehaus, ebd., S. 12
31 Niehaus, ebd., S. 26
32 Niehaus, ebd., S. 28
33 Michel Foucault, *Der Wille zum Wissen*, Band I, Frankfurt/Main, 1977, S. 76
34 Niehaus, ebd., S. 115

35 Jo Reichertz/Manfred Schneider, *Sozialgeschichte des Geständnisses. Zum Wandel der Geständniskultur*, Wiesbaden, 2007, S. 12
36 Reichertz/Schneider, ebd., S. 13
37 Vgl. Susan Berk-Seligson, *Coerced Confessions. The Discourse of Bilingual Police Interrogations*, Berlin/New York, 2009
38 Alexander Weißberg-Cybulski, *Im Verhör. Ein Überlebender der stalinistischen Säuberungen berichtet*, Wien–Zürich, 1993, S. 197
39 Weißberg-Cybulski, a.a.O., S. 198

Der sichtbare Feind (II)

> *Vorschulkinder (1–5 Jahre) haben durch die*
> *Unterbrechung des Enkulturationsprozesses*
> *eine diffuse Basispersönlichkeit, so daß sie*
> *nach der Akkulturation und Assimilation*
> *eine ambivalente bi-kulturelle Identität*
> *als Fremder besitzen und als Anpassungskünstler*
> *bezeichnet werden können.*
> Young-Hee Kim, Sozialisationsprobleme koreanischer
> Kinder in der Bundesrepublik Deutschland

1. Die allzu Sichtbaren

Manchmal frage ich mich, ob meine Eltern aus mir eine Europäerin machen wollten, *vorsätzlich*, das ist es, was ich ihnen unterstelle, ob sie dabei eine Absicht und einen Plan hatten. Sie nannten mich Anna, unterließen es, mir einen koreanischen Vornamen zu geben, gaben mir somit nicht einmal die Chance, von der koreanischen Gesellschaft unhinterfragt akzeptiert zu werden, nicht mit diesem ausländischen Namen; und auch mein Kim ist nicht das koreanische, meines ist ein hartes Kim, das koreanische hingegen ein weiches, *Gim*, so nennen sich die koreanischen Kims; und meine Eltern setzten die Germanisierung fort, lasen mir die Märchen der Gebrüder Grimm vor, in denen Bären ihr Unwesen treiben, Bären, Hexen und Stiefmütter, ich erfuhr nur durch Zufall, dass es in Korea Tiger sind, Tiger, Drachen und Stiefmütter –

Stiefmütter, so scheint es, sind universell in ihrer Bösartigkeit.

Meine Mutter, damals besessen davon, die deutsche Sprache zu erlernen, vor allem das in Korea Studierte zu üben, machte mehrmals pro Woche Hausbesuche, zu denen sie meinen Bruder und mich mitnahm. Es waren immer ältere deutsche Damen, die sie besuchte und die uns im Austausch für diese zwei Stunden Adventkalender-Schokolade gaben, die Schokolade eingepackt in dünnes Silberpapier. In ihren Wohnungen lebten stets vergangene Gerüche, und sie waren mit düsteren Landschaften dekoriert und mit Porzellanfiguren, Ballerinas, Hirtenjungen und Kavalieren im Frack. Sie hatten eigenartige Namen, sie hießen Wally oder Heinisch-*halmŏni*, Heinisch-Oma; damals hatten wir viele unechte Omas, die echten lernten wir erst zehn Jahre später kennen.

Diese Besuche hörten nach ein paar Monaten auf, denn mein Bruder wurde in die Vorschule, ich in den Kindergarten, später in die Volksschule geschickt. Meine Erinnerungen an diese Zeit sind verfälscht, *infiltriert* von den Erzählungen meiner Mutter: Heute glaube ich mich tatsächlich daran zu erinnern, dass ich neben meinem Vater auf der Couch saß, während er aus einem Lehrbuch der deutschen Sprache vorlas und Verben konjugierte, und dass ich ihm dabei half, aus Indikativen Konjunktive zu machen. Ich möchte mich daran erinnern, weil es zu diesem Bild ein Gegenbild gibt: Drei Jahre später, eine andere deutsche Stadt, eine andere mitgemietete Couch, aber diesmal bin ich es, die lernt, ich lerne zu lesen, während Vater die von mir zusammengesetzten Buchstaben überprüft. Diese Konstellation ist selbstverständlich, der lehrende Elternteil, das lernende Kind, für mich ist sie besonders, ich würde sogar so weit gehen und sagen: eine Ausnahme. Ich war schon als Kind Elternteil meiner Eltern.

Wie schleichend sich dieser Machtwandel vollzog: Anfangs war es nur ein Wort, nach dem sie fragten, später waren es mehrere Wörter, schließlich Satzkonstruktionen und ganze Sätze; es schien um so vieles leichter, das Kind für sich sprechen zu lassen, es war doch so gut darin, und wie talentiert, wie begabt es war, wie schnell es lernte, wie elegant es sprach, ganz anders als man selbst, nicht so unbeholfen, ungeschickt. Merkten sie nicht, dass sie mit jedem Satz, den sie abgaben, Selbstständigkeit aufgaben, und nicht nur das, auch ein Stück ihrer Würde, da sie zu Kindern wurden, lange vor ihrer Zeit? Und das Kind? Wurde es schnell erwachsen, da es sich in der Welt der Erwachsenen zurechtfinden musste? Nein. Es lernte, so zu sprechen wie sie, ihre Wörter, ihre Art der Argumentation, ihre Gebärden, ihre Mimik. Es musste in seinem Auftreten so werden wie sie, damit es von ihnen ernst genommen wurde, und es lernte, weil es keine andere Wahl hatte, entweder es lernte, oder die Dinge des Alltags würden unerledigt bleiben ...

Die Hilflosigkeit aber, die mich von Zeit zu Zeit überfiel, war nicht die der Erwachsenen, denn ich lernte auch, dass die letzte, die allerletzte Verantwortung nicht bei mir lag, sondern bei den Erwachsenen, für die ich sprach. Ich lernte, dass zwischen dem erwachsenen Benehmen und den Handlungen, die ich selbst setzte, keine Verbindung bestand, so war der Reifungsprozess nur ein vermeintlicher, der nicht mit einer Reifung der Gedanken einherging, sondern bloß mit einer veränderten Gestik, einer anderen Rhetorik. Ich lernte, dass es für jeden Inhalt ein passendes Publikum gibt und für jedes Publikum den passenden Auftritt –

Auftritt, darauf möchte ich hinaus. Manchmal, wenn mir ein Anruf besonders schwerfiel (ich hatte die Anrufe für meine Mutter zu erledigen, da sie meinte, ihre *sprechlichen* Fähigkeiten würden am Telefon rapide abnehmen), und ich war weniger die Tochter meiner furchtlosen Mutter, sondern die meines schweigsamen Vaters, der seine Angst vor der neuen Welt in einer undurchdringlichen Stille versteckte, schrieb ich die Worte auf, die ich sagen sollte, eine Art Drehbuch; anschließend las ich sie Mutter vor. Das hatte sich so zwischen uns eingespielt, ich war die Autorin, sie die Produzentin, sie hatte das letzte Wort. Nein, sagte sie, sie hatte oft an meinen Texten etwas auszusetzen, nein, dies und jenes hätte ich vergessen, ich müsse dies unbedingt erwähnen. Nein, widersprach ich, auch ich konnte stur sein, ich könne dies und jenes nicht erwähnen, das würde die Sache komplizierter machen, und was ich wollte, mein erklärtes Ziel, war, eine einfache Antwort zu erhalten: ein Ja oder ein Nein, alles andere war schon zu viel, denn es barg die Gefahr eines weiteren Telefonates in sich, und dies würde ein weiteres Drehbuch, eine weitere Drehbuchdebatte zur Folge haben, und all diese

Debatten fanden auf Koreanisch statt, in meiner *Schattensprache* ... Das Interessante ist nicht, dass ich schon früh zwischen den zwei Verhaltensweisen, jener der Erwachsenen und der der Kinder, zu unterscheiden wusste, das Interessante ist, dass ich mich dazu bemüßigt fühlte, als Kind mein Kindsein zu verteidigen. Ich wehre mich gegen das Dolmetschen, gegen jedes Wort, als würde er, der Akt des Transponierens in eine andere Sprache, meine Kindheit verkürzen. Das idyllische Bild der Kindheit ist mit einem Freiheitsbegriff verwoben, der so schlicht ist, dass Freiheit tatsächlich möglich ist: der von jeglicher folgenreichen Verantwortung entbundene Lebensabschnitt, so möchte ich Kindheit verknappt beschreiben, diese Art von Freiheit, und das spürte ich mit jedem übersetzten Wort, wurde weniger und weniger, die Grauzonen mehr, und schließlich existierte das, was ich unter Freiheit verstand, nur noch als Konzept, als Illusion.

Doch zurück zu dem Begriff Schattensprache, ich meine fast, der Name spricht für sich...

Als ich in einer Bibliothek war, um eine Monografie zu kopieren, in der es um die Kinder koreanischer Gastarbeiter in der BRD und deren Sozialisationsprobleme ging, stellte ich zum wiederholten Male fest, dass ich oder besser gesagt die besonderen Umstände meiner Existenz, die allerdings nicht individuell sind, ein Forschungsgebiet darstellen, und ich malte mir aus, wie die Forscherinnen und Forscher Interviews führten, wie sie uns beobachteten, uns, die wir es eher wert sind, beobachtet zu werden, als andere (nämlich sie selbst); ich stellte mir vor, wie sie

Notizen machten, wie sie Analysen durchführten, wie sie nach Zusammenhängen suchten und welche fanden; wie mein Leben (stellvertretend für viele) ein zweites Leben in einer Art und Weise beeinflusste, die eigentlich absurd ist: als Dissertationsthema. Und mein Blick fiel auf den Satz, dass die Kinder koreanischer Auswanderer eine doppelte Anstrengung im Ausbilden ihrer Identität unternehmen müssten. *Eine doppelte Anstrengung im Ausbilden ihrer Identität.*

Ich entdecke häufig, dass ich mehr Thema als Person bin. Dieses Phänomen müsste manchen von Ihnen auch bekannt sein. Ein Thema zu sein, ist nicht einfach, denn als solches ist man nicht nur man selbst, sondern ein ganzes Gebiet, eine ganze Gruppe; als Thema repräsentiere ich weniger mich als vielmehr das Thema, was bedeutet, dass die Bedürfnisse des Themas über meine gestellt werden: Möchte ich beispielsweise nicht länger Thema sein, wird es mir kaum gelingen, diesen Aspekt meiner Existenz abzustellen, solange mir dies von der Außenwelt verweigert wird. Der logische Schritt, der dieser Erkenntnis folgt, ist der Rückzug in eine Sphäre, in der ich ich sein und die Bürde der Repräsentation ablegen kann.

Diesem Dilemma unterliegt und unterlag natürlich auch meine Familie, meine Eltern ebenso wie mein Bruder. Zu Hause konnten sie sie selbst sein, waren keiner ständigen Beobachtung unterworfen, keinem gelegentlichen *Lauschangriff*, keinen Aufforderungen, die exotische Sprache vorzuführen; zu Hause waren wir keiner Erforschung ausgesetzt, unsere Existenz wurde weder sozial noch politisch noch sonst wie thematisiert, auch das Ausmaß unserer Exotik war gleich null – was auf den Straßen einer deutschen Kleinstadt wie Braunschweig Ende der siebziger, Anfang der achtziger Jahre absolut nicht so war, aber auch im Wien der frühen achtziger Jahre wurde Asiaten keinesfalls mit Gleichgültigkeit begegnet. Ich erinnere mich, dass mir regelmäßig in die Haare gegriffen wurde, im Kindergarten noch etwas seltener als in der Volksschule. Wie sich asiatische Haare anfühlten, wurde ich gefragt, ob es mir etwas ausmachte, wenn sie... Noch ehe ich eine Erlaubnis erteilen oder Einspruch erheben konnte, hatte ich schon ein paar Finger in meinem Haar. Es fühle sich an wie Tierhaar, lautete das Urteil, wie Rosshaar. (Komischerweise hatte ich nie das Bedürfnis, blonde Haare anzugreifen.) Meine Kleider mussten ebenfalls abgetastet und kommentiert werden, nachdem man sich vergewissert hatte, dass sie auch wirklich aus Südkorea stammten. Ich war, schon als sehr kleines Kind, quasi eine Berühmtheit. Wenn ich durch die Straßen Braunschweigs und Gießens trabte, drehten sich alle nach mir um, ich wurde mit Blicken verfolgt, von Blicken durchbohrt, manchmal rief man mir etwas nach, sehr große *Fans* schenkten mir Kleinigkeiten, Kaugummi, Zuckerl, Schokolade; ich war berühmter als meine Eltern und mein Bruder, deren Existenz weniger bestaunt wurde als meine, vermutlich weil ich eine Miniatur-Asiatin war, noch dazu herausgeputzt von einer Mutter, die meinte, Ausländer hätten ordentlich auszusehen. Sie muss die Situation damals ganz anders wahrgenommen haben als ich, die die große Aufmerksamkeit anfangs mochte, mit der Zeit aber ablehnte, nachdem mir die ganz spezifische Art der *Bewunderung* bewusst geworden war, die Ambivalenz, die in ihr mitschwang, einerseits angezogen, andererseits abgestoßen zu sein, vom Fremden, dem man nur mit einem *tierischen Vokabular* beikommen konnte; die Entindividualisierung, die ich in diesem Moment in den Augen der Betrachter durchmachte, fühlte sich an wie eine Entmenschlichung. Heute versuche ich diesen Prozess aus der anderen Perspektive zu sehen: Ich frage mich, ob *dem Braunschweiger* (hiermit mache ich ihn zum Parade-Inländer und gebe ihm beide Geschlechter) die Begegnung mit der Exoten-Familie so surreal vorkam, dass er sich von der Tatsächlichkeit des Geschehens nur durch Berührung überzeugen konnte. Vielleicht aber waren wir für ihn auch die aus den Fernsehkästen geschlüpften Hauptdarsteller einer TV-Dokumentation, und ihm, der dieses Format mochte und schätzte, als solche gut bekannt; wir waren lediglich eine Variation des Fremden, nicht das Fremde selbst, deswegen gab es keine Berührungsangst, er konnte mit Selbstverständlichkeit zugreifen, weil er uns bereits kannte. »Das Verhalten der Menschen ist durch und durch schon televisionär kodiert«, schreibt Wolfgang Welsch, allerdings zehn Jahre später. »Wirklichkeit – nicht nur die äußere, sondern schon die innere des Selbstverständnisses und der Sozialprogrammierung – ist heute weithin über massenmediale Wahrnehmung konstituiert.«[1]

Wann immer wir in den Kindergarten, die Schule oder zum Spielplatz gingen, mussten wir uns verkleiden, ja, so empfand ich es, als Verkleidung. Meine Garderobe bestand damals aus alten, von meinem Bruder geerbten Kleidern, die ich ausschließlich zu Hause trug, und jenen, die für

die Außenwelt gedacht waren. Der Unterschied zwischen ihnen war dermaßen groß, dass ich eine Verwandlung durchmachte, wenn ich von einem Gewand ins andere schlüpfte. Immer begleitet von der Ermahnung der Mutter, ich müsste unbedingt auf mein Aussehen achten, denn ich sei eine Ausländerin. Bereits in der Volksschule ärgerte ich mich über diese Ermahnung, und ich rächte mich, indem ich meine Strumpfhosen und Hosenbeine absichtlich-unabsichtlich mit Löchern versah oder meine Haare verstrubbelte. Als Jugendliche rebellierte ich schließlich offen gegen ihre Maxime, ich stritt für eine freie Kleiderwahl, für Gleichheit im Kleiderschrank, für mehr Autonomie im Kleiderkasten; mir war nicht bewusst, dass ich für etwas viel Wichtigeres kämpfte, nämlich dafür, *Inländerin* sein zu dürfen, auch wenn es dem Anschein widersprach –
sogar in den Augen meiner Mutter.

2. Die Schattensprache

Ehe ich die Schattensprache beschreibe, möchte ich kurz den Raum beschreiben, der zu dieser Sprache gehörte, der gleichsam ihr natürlicher Lebensraum war: unsere Wohnung –
es war ein geschützter Raum, zu dem die Öffentlichkeit nur auf ausdrückliche Einladung hin Zutritt hatte. Und wenn wir Besucher hatten, wurde auch unser Wohnraum verkleidet, gewischt, geschrubbt, die ramponierten Gegenstände verschwanden in Schubladen, die hübschen,

unversehrten wurden poliert. Zu Hause herrschten andere Selbstverständlichkeiten; Selbstverständlichkeit ist ein äußerst unterschätzter Zustand, für uns, Mensch gewordene Themen, bedeutet er eine Pause in diesem halb-öffentlichen Dasein, ein *Urlaub*, von dem ich mir wünschte, er wäre die Frühpension.

Das Reich des Privaten besaß anfangs die Dimensionen unserer Wohnung. Ich habe geschrieben: *Mit der Zeit dehnte es sich aus, mit meinem Kindergartenbesuch kam der Kindergarten dazu, dann das Schwimmbad, das wir mehrere Male im Monat besuchten, außerdem die Wohnungen der Freunde meiner Eltern.* Doch das ist falsch. Das private Reich dehnte sich nicht aus, es schrumpfte sogar, je älter ich wurde, desto kleiner wurde es, ich begann mein Zimmer vor meinem Bruder und meinen Eltern zu verteidigen, bald sah ich mich genötigt, meine Aufzeichnungen, mein Tagebuch, meine geheimen Notizbücher und -hefte, sogar meine Schreibmaschine, die nicht meine war, sondern die meines Vaters, eine amerikanische Reiseschreibmaschine, die keine Umlaute und kein scharfes ß hatte, sodass das Blatt nach meiner Tipporgie (ich tyrannisierte meine Familie nicht mit unmelodischen Klavierklängen, sondern mit Schreibmaschinenmusik) von handgemalten Umlaut-Pünktchen, die zu Klecksen wurden, nur so wimmelte. Die Möbel hatte Vater gekauft, der einen Monat vor uns in Deutschland angekommen war. Da meine Eltern ursprünglich geplant hatten, ein Jahr zu bleiben, waren die Betten, Tische und Stühle gebraucht und rochen eigenartig. Kleine Tische zum Ablegen hatten wir nicht, meine Eltern hatten die Angewohnheit, aus Büchern flache, kleine Tische zu bauen und auf diesen diverse Kleinigkeiten abzustellen, überhaupt benutzten sie den Boden viel selbstverständlicher als ich, die immer nach Tischen und siebzig Zentimeter hohen Ablageflächen suchte. Vater etwa legte seine Malutensilien stets am Teppich ab, der Behälter mit seinen Pinseln stand neben den Stapeln von Papier, die er für seine Skizzen und für seine Kalligraphien brauchte. Daneben reihten sich diverse ausgewaschene Joghurtbecher und Marmeladegläser, die er, wie er mir einmal erklärte, zum Mischen der Farben brauchte; Vater kaufte meistens nur Primärfarben, alle anderen Farbtöne mischte er sich selbst, die Feinabstimmung fand allerdings auf seiner Mischpalette statt, auf der die eingetrockneten Ölfarben eine Landschaft aus Hügeln und Tälern bildeten.

Auch Mutter benutzte den Boden als primäre Abstellfläche; noch heute liegen in ihrem Schlafzimmer Kerzen, Bücher, Stifte, Notizblöcke scheinbar heimatlos auf dem Parkettboden herum. Sie gruppieren sich um einen niedrigen Miniaturtisch, den ich ihr einmal geschenkt habe und der im Geschäft als *Blumenmöbel* ausgeschildert war: ein Rattantischlein mit zwanzig Zentimeter kurzen Beinchen –
in ihren Augen ein ausgewachsener Tisch. Es gibt noch eine andere Angewohnheit, von der ich glaubte, sie gehöre ihr und nur ihr allein, bis ich letztes Jahr in Seoul entdeckte, dass es offenbar in Südkorea (und in Japan) ein weitverbreitetes Bedürfnis ist, alles in Schachteln und Kistchen zu verstauen. Beispiel: Ein Abwaschschwamm kann nicht allein schlafen, er muss in einer Plastikkiste gemeinsam mit der Abwaschbürste nächtigen. In allen

koreanischen und japanischen Häusern wimmelt es nur so von Schachteln, alles, was in eine solche passt, wird in eine getan, natürlich abhängig von der jeweiligen Funktion. Um Mutters Badewanne stehen drei solcher Behältnisse: zwei enthalten Schwämme, eines enthält zwei Flaschen Shampoo. Nur die Zahnpastatube steht allein, stock und steif vor dem Spiegel und hält nach Gesellschaft Ausschau... Auch in Mutters Küche sind Einkaufssäcke (Papier und Plastik), volle und leere Mineralwasser- und Saftflaschen, der Kartoffelsack, der Zwiebelsack und die Reisvorräte entweder auf dem Boden abgestellt oder in Nischen gesteckt, in Spalten, unter Tische, hinter Regale und Theken gestopft; manchmal frage ich mich, ob sie die große hölzerne Anrichte gekauft hat, weil sie mehr Nischen und Spalten brauchte.

Das war und ist die Welt, in die die Schattensprache gehört, ein sehr abgeschlossenes, privates Reich, in dem es anders roch als in vergleichbaren Reichen, in jenen meiner Klassenkameradinnen, als Kind hinterfragte ich nicht, ob und warum ich an diesem Ort und nur an diesem Koreanisch sprach, warum es mir passender erschien, in der Öffentlichkeit Deutsch zu sprechen; in der Öffentlichkeit wisperte, flüsterte ich Koreanisch, und ich empfand es als unerträglich, dass Mutters Stimme, ihre ach so koreanische Stimme, laut war. Sobald ich unser Zuhause betrat, schlüpfte ich in meine private Kleidung und in die koreanische Sprache, und ich legte beides ab, wenn ich es verließ.

Die Schattensprache: Ich verbrachte am Wochenende viele Nachmittage damit, am Wohnzimmertisch über Koreanisch-Lehrbüchern zu sitzen und über koreanischer Grammatik zu schmoren, dies war keine freiwillige Entscheidung, nein, beileibe nicht, sondern eine aufgezwungene und eine an den besten Tagen geduldete, an schlechteren Tagen verhasste; dann musste ich, um das Gelernte zu üben, Textpassagen aus Büchern übersetzen, die ich nur Stunden, Tage zuvor gerne gelesen, geradezu verschlungen hatte. In diesen Stunden war Koreanisch die Kehrseite von Deutsch, ich meinte, die eine Sprache würde ohne die andere nicht existieren, Deutsch nicht ohne Koreanisch und Koreanisch nicht ohne Deutsch; ich verstand auch, dass die Sprachen nur durch mich miteinander verbunden waren, ich war das Bindeglied, und ich war es nicht nur in den Stunden, in denen ich übersetzte, ich war es auch in jenen, in denen ich für meine Eltern dolmetschte oder eigentlich: in denen sie durch mich sprachen, denn ich war ihr Sprachrohr, ihre Sprechprothese, *verborgte Sprache*, so nannte ich meine Wörter, die ich nie behalten durfte, denn ich war die Bibliothek und der Bibliothekar, und ich meinte, kein einheitliches Leben zu führen, sondern Teile mehrerer Leben, Teile des mütterlichen und Teile des väterlichen Lebens, die Leben derer, die sich meiner Stimme bedienten, um selbst uneingeschränkt leben zu können. Vielleicht verhielt es sich auch so, dass ich keine Stimme hatte, dass sehr wohl meine Eltern eine Stimme besaßen, ich aber stets nur über eine gespaltene, keine eigene Stimme verfügte; dass ich die Stimme der Allgemeinheit, der Familie war, aber nicht meine eigene. Denn meine Stimme musste ja immer zur Verfügung stehen: Sobald sie meine Sprache brauchten, musste ich sie hergeben. Die Sprache gehörte mir nicht, ich borgte sie her.

War das die Kehrseite, die Schattenseite? Ich meine ja: Koreanisch war die Sprache im Schatten, die Sprache des Schattens, Koreanisch war die Sprache des Privaten, und ich lernte sehr früh zwischen dem Öffentlichen und dem Privaten zu unterscheiden, ich lernte, dass das Öffentliche eine eigene Sprache besitzt, nicht nur ein eigenes Vokabular, und auch das Private, aber ich merkte, dass ich mich in der Sprache des Privaten immer schlechter ausdrücken konnte, nicht als Kind, nein, aber als Teenager und später als Erwachsene. Die private Sprache, die Sprache der Familie und des Schattens, wurde eine unterentwickelte, unterprivilegierte Sprache, sie wurde zur Sprache des Alltags und der Banalitäten, sie wurde eine, die nur in Ergänzung existieren konnte –

immer nur in Ergänzung.

Erzähle ich hier die Geschichte eines Verlustes? Ja und nein. Nein, denn ich habe das Koreanische nie verloren, weil ich es nie wirklich besaß. Ich besaß es nur als Kleinkind, und auch heute besitze ich die koreanischen Wörter, die mir meine Eltern schenkten, als ich ein, zwei, drei Jahre alt war. Ich besitze sie und hüte sie wie Mutter die Bilder meines Vaters, die ihr nach seinem Tod geblieben sind. Ich hüte sie, weil sie sich aus dem Staub machen, sie verschwinden durch die Lücken meiner Erinnerung, aber sie verschwinden nicht spurlos, sie hinterlassen eine Notiz, so scheint es, einen Platzhalter, und wenn ich ihn finde, erinnere ich mich an die Wörter mit einer Intensität, die nur Sprache kennt. Sie erzählen von einem anderen Leben, und immer tragen sie das Was-wäre-wenn-Spiel in sich: Was wäre gewesen, wenn meine Eltern wirklich nach einem oder zwei Jahren nach Südkorea zurückgekehrt wären? Wie wäre mein Leben verlaufen? Und ich zähle die Zufälle, die nötig waren, um mich nach Wien zu bringen, die Begegnungen, die dazu führten, und ich staune, dass all dies hatte eintreffen müssen, damit ich heute hier sein kann, und ich staune, wie mächtig der Zufall ist, wieviel ein Mensch ausrichten kann, wenn er unbedingt will. Doch noch während ich staune, staune und zähle, frage ich mich: *Wäre ich mit einem rein koreanischen Ich glücklicher gewesen?* Diese Frage hat mich schon immer beschäftigt. Theoretisch (siehe insbesondere Dissertationen, die die ramponierte Seele der Hybriden beschreiben) scheint psychische Gesundheit, Zufriedenheit, letztlich sogar Glück mit dem Konzept der Einsprachigkeit verbunden, und mit diesem die Idee Heimat. Auch für mich gibt es diesen Ort, der sich an dieses Wort geheftet hat und es begleitet, wann immer ich es benutze; mir gefällt es, es in den Mund zu nehmen, da ich weiß, dass ich nichts darüber weiß, es fühlt sich an wie ein abstrakter Begriff, bis zu einem gewissen Grad hohl, ein weiter, leerer Raum, durch den dann und wann ein Gefühl huscht, das als Wort getarnt ist.

Vielleicht aber war es auch umgekehrt und Deutsch die Kehrseite von Koreanisch, zumindest während meiner Kindheit, wenn ich aus dem Koreanischen ins Deutsche dolmetschte und dadurch eine Macht über meine Eltern ausübte, die Kinder nur selten haben, die Macht nämlich, Entscheidungen für sie zu treffen, ohne sie zu fragen, und ich versuchte mir anzugewöhnen, nicht für sie zu übersetzen, sondern für mich, die Sätze zu manipulieren und die Sprache, die Sprache und ihre Grenzen auszuloten und sie zu meinen Mitstreitern zu machen, Kompagnons und Komplizen. Doch meine Tante hatte das dicke Koreanisch-Lehrbuch geschickt, mit dem ich viel Zeit verbringen sollte, es ging ja nicht, dass eine waschechte Koreanerin ihre eigene Sprache verlor! Für sie, die während der japanischen Kolonialzeit aufgewachsen war, daher wusste, wie schmerzhaft der Verlust der Muttersprache sein konnte, war es wichtig zu wissen, dass ihre Nichte sich dagegen wehren konnte. Für mich, die ich damals noch nicht einmal wusste, dass es einst eine japanische Kolonialzeit gegeben hatte (ich erfuhr dies erst mit Beginn des Studiums, dafür wusste ich, gegen wen sich Kaiserin Maria Theresia im Spanischen Erbfolgekrieg behaupten konnte), war die Anwesenheit des Buches befremdend. Ich fand es eigenartig, eine Sprache zu üben, bei der mir mein Gefühl sagte, ich brauchte dies nicht zu tun. Dieses Gefühl, wie soll ich es beschreiben? Als das, was wir unter Muttersprache verstehen? Ein Zugehörigkeitsgefühl zu einer Sprache, die wir schon im Mutterbauch hörten, und das sich so in unser Gehirn einschrieb? Ich glaubte, die Bedeutung der Wörter, selbst jener, die ich nicht kannte, zu spüren; noch heute meine ich, Koreanisch zu spüren, dann verwende ich Wörter, die ich kurz zuvor aufgeschnappt habe, ohne mich ihrer wirklichen Bedeutung zu vergewissern, ich benutze sie, weil ich überzeugt bin, ihren Sinn zu *hören* –

und jedes Mal irre ich mich und stürze meine Gesprächspartnerinnen und -partner in ein Gesprächschaos.

3. Die Tyrannei der Sichtbarkeit

Ich habe anfangs gesagt, dass Koreanisch die Sprache des Privaten war, die zunächst nur zu Hause gesprochen wurde, in einem geschützten Umfeld, in einer Art Festung. Die Zuordnung der Sprachen zu den Sphären war überaus ordentlich und entsprach dem Bild einer eingewanderten Familie, Deutsch war die Lingua Franca, Koreanisch die Muttersprache. Wie lange sich diese Zuordnung gehalten hat, kann ich nicht genau sagen; ich vermute, dass sich dies mit meinem ersten Schultag zu ändern begann, allerdings vollzog sich keine schnelle Änderung, sondern eine allmähliche. Noch in der Volksschule meine ich die Zuordnung Koreanisch = Muttersprache, Deutsch = Verkehrssprache beibehalten zu haben, wobei Deutsch immer wichtiger wurde. Allerdings kann ich mich nicht erinnern, jemals koreanischsprachige Gedanken gehabt zu haben.

Nein; die Beschreibung, dass Deutsch immer wichtiger wurde, ist irreführend, wir müssen bei den Sphären bleiben: Die Schattensprache und die Verkehrssprache waren von Anfang an gleichberechtigt. Da die Sphären damals noch sauber geteilt waren –

da die Welten, zu denen die Sprachen gehörten, damals noch scheinbar vollkommen separiert voneinander existierten, kamen sich die Sprachen nicht in die Quere. Mit den Jahren jedoch wurde die Welt immer größer: Aus den Straßen rund um unser Wohnhaus wuchsen Seitenstraßen, das Gassenwerk wurde dichter, dann kamen Busse, Straßenbahnen und U-Bahnen dazu, und mit der steigenden Mobilität, mit der immer größer werdenden

Außenwelt, wurde Koreanisch zur Schatten- und Deutsch zur ersten Sprache. Ich glaube tatsächlich, dass es falsch ist, zu sagen, dass Sprachen wichtiger oder weniger wichtig werden; es sind die Lebensräume (und die mit ihnen verbundenen Möglichkeiten zu kommunizieren), die die Dominanz, die Macht einer Sprache bestimmen.

Interessanterweise begann der Koreanisch-Unterricht, als ich bereits mehr in der Außenwelt agierte als in der Schattenwelt. Rückblickend habe ich manchmal den Verdacht, dass ich damals auch Koreanisch lernen sollte, um die Sprache meiner Eltern als die einzige Sprache des Privaten und Deutsch nur als Sprache des Öffentlichen beizubehalten; rückblickend scheint mir, als schwelte meine gesamte Volksschulzeit hindurch bis weit in die gymnasiale Unterstufe ein Kampf der Identitäten, der sich in erster Linie sprachlich ausdrückte. Allerdings meine ich damit nicht, dass *in* mir ein Identitätskampf stattfand, nein, der Kampf ging von meinen Eltern aus, die beobachteten, dass ihre Kinder immer mehr zu Verbündeten der öffentlichen Sphäre wurden, einer Sphäre, die ihnen sprachlich und kulturell fremd war. Vielleicht hatten sie nicht damit gerechnet, vielleicht hatten sie nicht gedacht, dass dies möglich wäre; vielleicht waren sie der Ansicht, dass von Koreanern nur Koreaner kommen können. Angesichts dieses unerwarteten Ergebnisses begann im Reich der Schattensprache ein Schattenregime: Die Koreanisch-Bücher wurden gezückt, und wann immer Mutter etwas Ungewöhnliches sagte oder tat, erklärte sie, dass dies koreanischen Ursprungs sei, und überhaupt kam das Wort

Korea so oft vor, dass mir alles auf der Welt interessanter erschien als diese halbierte Halbinsel. Jetzt erinnere ich mich auch, dass zu dieser Zeit, zunächst noch freundlich, später mit immer wachsender Entrüstung, der *Befehl* (ich schreibe Befehl, denn genau das war er, eine Wahl hatte ich nie) von außen kam, ich sei Koreanerin. Dieses *Du bist Koreanerin!* stand jedoch im Gegensatz zu der Tatsache, dass sich Koreanisch von einer Schattensprache allmählich in eine Geheimsprache verwandelte: in die geheime Sprache eines kleinen, sehr kleinen Zirkels. Er bestand und besteht nur aus ein paar wenigen Mitgliedern; meine Eltern achteten stets darauf, ausschließlich deutschsprachige Freundschaften zu schließen, so kam ich mit anderen Koreanerinnen und Koreanern kaum in Kontakt –

es ist nicht verwunderlich, dass ich ein wunderliches Koreanisch spreche; dies habe ich letztes Jahr beobachtet, als ich versuchte, mich in Seoul verständlich zu machen, mir aber auf Englisch geantwortet wurde. Ich stelle mir vor, dass mein Koreanisch ein Zeitreisender ist, der aus den siebziger Jahren in die Gegenwart gekommen ist und für viele Dinge keine Wörter hat, weil es sie in seiner veralteten Welt nicht gibt.

Mit der Entwertung des Koreanischen zur Geheimsprache übernahm die Sprache der Umgebung das Ruder: »A man who possesses a language possesses as an indirect consequence the world expressed and implied by this language«, schreibt Frantz Fanon.[2] Ich stimme ihm zu –

mit Vorbehalt: Ich glaube auch, dass man keine andere Wahl hat, als die Sprache der Welt zu übernehmen, in der man sich befindet. Welt drückt sich in Sprache aus, zugleich übernimmt Sprache Welt, es ist eine gegenseitige Befruchtung: Das deutschsprachige Öffentliche verwandelte sich immer mehr in *mein* deutschsprachiges Privates, das schließlich mein Selbstbild prägte. Aber dadurch, dass ich in der öffentlichen Meinung Koreanerin war, *koreanisierte* ich zunehmend, ohne dass mir dies bewusst war (als Kind ist man in erster Linie Kind, erst in zweiter Linie koreanisches oder österreichisches Kind). Erst als ich zu studieren begann und im Rahmen meines Studiums mit einer größeren Öffentlichkeit konfrontiert wurde, kam ich diesem Prozess auf die Schliche und entdeckte so mein öffentliches *Image*. Mein Selbstbild wurde von diesem Zeitpunkt an ständig in Frage gestellt, dies artete manchmal aus, wurde zu einer fast *kriegerischen* Auseinandersetzung, in der mir vorgeworfen wurde, ich würde das Ausmaß meines Fremdseins verleugnen. Schwieriger als solche offenen Kontroversen empfand ich das (stille) Voraussetzen meiner Andersartigkeit, die in Erklärungen meiner Identität durch andere mündeten, offenbar wussten viele besser als ich, wer ich war... Mein Selbstbild floh vor diesen Zuschreibungen und wurde zu einem Privat-Bild bzw. zu einer Privat-Meinung, die ich meistens für mich behielt.

Dies ist das Dilemma, in dem ich mich seither befinde; es ist das Resultat einer optischen Täuschung: Das, was ich präsentiere, meine koreanische Biologie, ist das, was ich repräsentiere, nicht aus eigenem Wunsch, sondern aus geschichtlichen, politischen und gesellschaftlichen Gründen. Mein privates Ich speist sich jedoch nicht, entgegen der öffentlichen Meinung, aus meiner Biologie. Nun könnte man die Frage stellen, wie das sein kann. Das ist leicht zu erklären: Ich war nie der Meinung, dass ich ungewöhnlich aussehe, in einem Ausmaß ungewöhnlich nämlich, dass dies meine Identität primär prägte. Ich bin ja mit meinem Gesicht aufgewachsen, für mich ist es ein völlig normales Gesicht, *ich* sehe in meinem Gesicht in erster Linie ein Gesicht, erst in fünfter oder sechster Linie ein asiatisches Gesicht. Tatsächlich geht die Identifikation mit meinem Ich jenseits meiner Oberfläche so weit, dass ich lange gar keinen Unterschied zwischen mir und der Mehrheit der *weißen* Bevölkerung wahrnahm. Für mich war meine Zugehörigkeit eindeutig; für alle anderen zweifelhaft –

und wenn ich sage: *für alle anderen*, meine ich natürlich auch meine Familie. Mein Onkel etwa fragt mich jedes Mal, wenn er mich in Seoul trifft, ob mir meine koreanischen Gene endlich ein Heimatgefühl, ein Zugehörigkeitsgefühl signalisieren würden, und jedes Mal verziehe ich mein Gesicht und sage, vielleicht? Und jedes Mal lächelt er enttäuscht, wiederholt, vielleicht, und ich nehme mir vor, das nächste Mal das Blaue vom Himmel zu lügen. Meine Tanten hingegen haben sich zumindest scheinbar mit meinem unkoreanischen Seinszustand angefreundet, sie betonen allerdings öfter als nötig, dass ich Europäerin sei, die Nationalität ist ihnen egal, für sie sind alle Österreicher Schweden. Und auch sie setzen voraus, dass mein Identitätsfindungsprozess ein schwieriger ist.

Mit dieser Frage werde ich ständig konfrontiert. Davon abgesehen, dass dies eine zutiefst private Angelegenheit ist, die nicht als Small-Talk-Thema taugt, ist dies eine ebenso falsche, klischeehafte und vorurteilsbesetzte Zuschreibung wie diejenige, dass Asiaten schüchtern, duckmäuserisch, übermäßig gehorsam und nicht imstande seien, das R zu rollen. Natürlich gibt es Menschen, die man gemeinhin als Asiaten bezeichnen würde, die tatsächlich über einen sklavischen Gehorsam verfügen und keine R's rollen können, die, wie mir eine Klavierlehrerin einmal erklärte, nicht kreativ sind und immer nur darauf warten, dass die Lehrerin ihnen die Musikstücke vorspielt, damit sie ihr Spiel taktgetreu kopieren können. Wie oft wurde mir unterstellt, ohne die falsche Repräsentation zu erkennen, ich würde mit einem asiatischen Akzent sprechen, und wie oft wurde bzw. werde ich für mein fehlerfreies Deutsch gelobt. Und wie oft werden mir wienerische Ausdrücke erklärt; das nehme ich nicht mehr persönlich, ich gebe zu, als ich mit sieben Jahren das erste Mal einen Hans-Moser-Film sah, verstand ich kein Wort. Ich mochte seine Filme trotzdem so gerne, dass ich jeden Sonntagnachmittag vor unserem kleinen Schwarz-Weiß-Fernseher saß und die wundersam genuschelten Worte für mich wiederholte. Hans Moser ist nach wie vor ein Held meiner Kindheit; heute verstehe ich jedoch viel mehr als damals.

Das Problematische dieser Zuschreibungen ist nicht nur, dass sie fremden Kulturen die Komplexität, Ambivalenzen und Vielschichtigkeiten absprechen, die jeder Kultur innewohnt; das Problematische ist, dass sie von der dominanten Kultur als Wahrheit weitergegeben werden, die das hybride Kind, das, wie wir von diversen Fachleuten wissen, mit einer »diffusen Basispersönlichkeit«[3] zu kämpfen hat, als solche annimmt: Es glaubt den Unsinn. Denn, und hier setzt meine Kritik an der Familie an, diese Wahrheit wird auch von den Eltern an das Kind weitergegeben: Die Eltern, die als Erwachsene in das fremde Land kommen, begreifen sich als Mitglieder der Mehrheit; in der Fremde gehören sie zur Minderheit, das spüren die meisten und verweigern es, vielleicht kritisieren sie die politischen Entscheidungen, die von der Mehrheit getroffen werden, in den meisten Fällen interessieren sie sich jedoch nicht dafür, da sie sich noch immer zu ihrer Herkunftskultur gehörig fühlen, was verständlich ist, haben sie doch in dieser den Großteil ihres Lebens verbracht und wurden in ihr sozialisiert. Was sie allerdings oft nicht verstehen, ist, dass ihr Kind sich, je älter es wird, immer mehr mit der Minderheit identifizieren wird, nachdem es erfolglos versucht hat, von der Mehrheit akzeptiert zu werden; dies ist keine Wahl, sondern eine unvermeidbare Entwicklung, da es von der Umwelt wie ein Mitglied der Minderheit behandelt wird. Das Kind ist nun von Mehrheiten umzingelt, die in vielerlei Hinsicht unterschiedlicher Ansicht sind, in einer aber übereinstimmen: Kulturelle Homogenität ist ihre Norm, alles andere ist problematisch, *abnormal*. Beim Kind wächst der gesellschaftliche Druck, sich zu einer Seite zu bekennen, dabei fühlt sich das Zögern an wie eine Fehlleistung, wie die Unfähigkeit, das *Unvermögen, einkulturig zu sein.*

Wir bezeichnen unsere Gesellschaft als eine multikulturelle, weil wir von Menschen umgeben sind, die aus anderen Ländern stammen; wir geben vor, uns für deren Kultur zu interessieren, und kommunizieren doch nur in bequemen, schnell gefundenen Urteilen. Eine wahre multikulturelle Gesellschaft kann nicht die Homogenität zur Norm erheben und alle anderen Formen der Hybridität als Pathologie abwerten; es kann nicht sein, dass Individuen mit gemischtkulturellem Hintergrund unterstellt wird, ihre Identität sei erkrankt. Dies wird einerseits als Vorwurf, als Anklage formuliert, andererseits als Mitleid –

beides ist ungerechtfertigt und unnötig. Auch die Formulierung *zwischen den Kulturen* ist inakkurat, da sie ein Zwischen-den-Stühlen-Sitzen vermittelt, ein Wedernoch, und kein Und: Doch genau das ist der Gewinn einer multiethnischen Biografie, dass man die eine *und* die andere Kultur auf eine intime Art und Weise kennenlernt, wie man sie nur kennenlernt, wenn man in ihnen aufgewachsen ist.

Ich wiederhole: Das Problem ist nicht der mehrkulturelle Hintergrund der Person, das Problem ist die Sicht der Gesellschaft. Es ist einzig deshalb schwierig, in zwei Kulturen aufzuwachsen, weil es als problematisch angesehen wird, nicht aus *einer* Kultur zu stammen. Das Problem wird an uns sichtbar Fremde herangetragen, es wird uns eingeredet, dass wir damit zu kämpfen hätten, ständig werden wir damit konfrontiert, dass die Art und Weise, wie wir uns fühlen, welcher Kultur wir uns zugehörig fühlen, verkehrt sei.

Ein Beispiel: Wieder einmal wurde ich von einer Kellnerin in einem Chinarestaurant gefragt, ob ich aus China stamme. Ich verneinte und sagte, Südkorea. Sofort kam das Gespräch auf das Thema Kultur, und sie fragte mich, ob ich mich mit der koreanischen auskennen würde. Ich habe mich weder als Kind noch als Jugendliche besonders für Korea interessiert, für den Norden noch eher als für den Süden, schließlich war und ist der Norden geheimnisumwoben. Ich verneinte also ihre Frage in der Hoffnung, das Gespräch damit beendet zu haben und mich wieder meiner Frühlingsrolle widmen zu können. Ich irrte mich; meine Antwort schien sie zu entrüsten, mit großer Empörung in der Stimme warf sie mir vor, mich nicht für meine *Heimat* zu interessieren, jeder müsse seine Wurzeln kennen. Die Ansicht, dass jeder im Allgemeinen, aber ich im Besonderen meine Wurzeln kennen sollte, ist mir bekannt; mit dem Vorwurf, ich würde sie nicht gut genug kennen, bin ich aufgewachsen. Doch was, frage ich Sie, ist denn mit den Wurzeln, die ich gerade dabei bin, auszubilden? Haben diese neuen Wurzeln kein Recht auf eine Existenz? Es ist richtig, meine Eltern sind aus Südkorea, alle meine fünfzehn Onkel und Tanten sind Südkoreaner und -koreanerinnen, aber ich bin in einem anderen Land aufgewachsen, und ich meine, ich habe das Recht darauf, auch dieses Land, das noch nicht als Wurzel existiert, zu einer zu machen –

hier kommt die Tyrannei der Sichtbarkeit ins Spiel, die sich die vermeintliche Eindeutigkeit der Oberflächen nutzbar macht und mich auf meine öffentliche *persona* zusammenstampft. Die doppelte Anstrengung im Ausbilden meiner Identität bestand und besteht darin, auf diesem Recht zu bestehen, mich nicht davon beirren zu lassen, dass Herkunftskultur immer nur im Singular angegeben wird.

Bereits in den *Invasionen des Privaten* habe ich angedeutet, dass es zwischen den Kindern der Einwanderer und den Kindern der Kolonialisierten Parallelen gibt, eine solche manifestiert sich in der Übernahme der Mehrheitsperspektive: Uns Eingewanderten wird die Welt und wie diese funktioniert aus der Sicht der Mehrheit erklärt, diese übernehmen wir *gerne*, denn wenn wir uns mit ihr solidarisch erklären, erscheint es uns, als wären wir die Mehrheit, auch wenn wir die Minderheit sind. Natürlich kommt es vor, dass die Sicht der Mehrheit als solche entlarvt wird, dann solidarisieren sich manche von uns mit der Perspektive unserer Eltern, die allerdings auch die Sicht einer Mehrheit ist, nämlich jener, die ihnen in ihrem Herkunftsland mitgegeben wurde. Wir Assimilierten können im Grunde weder mit der einen noch mit der anderen Perspektive etwas anfangen: Die unserer Eltern ist für uns unbrauchbar, da wir mit einem anderen Heimatbegriff aufgewachsen sind – mit einem ungültigen.

Für die meisten von uns ist Heimat ein entleerter Begriff oder besser gesagt ein Begriff, der sich mit der Zeit entleert hat, etwa jedes Mal, wenn wir uns mit der Idee Heimat konfrontiert, aber ausgeschlossen sahen. Manche suchen nach ihr, sie glauben, man könne sie geografisch fixieren, für sie ist sie die Verlängerung des Geburtsorts, andere glauben, Heimat sei mit einem Lebensabschnitt, meistens dem der Kindheit, verbunden, für sie ist sie eine Zeit des unbeschwerten Glücks und der Euphorie, die es in dieser Form nie gab; wieder andere rationalisieren diesen Wunsch und erklären, dass Heimat überall sei und nirgends; sie täuschen sich ebenso wie die anderen, die meinen, das Wissen über ihre Herkunft würde, wenn schon nicht das Heimatgefühl ersetzen, wenigstens die Illusion aufrechterhalten, dass auch sie eine Heimat besitzen. In Wahrheit ist *das Konzept Heimat* so sehr an die Idee der Homogenität, der Einkulturigkeit gekoppelt, dass es ohne diese nicht funktioniert. Die Selbsttäuschung, die sich aus vielen Enttäuschungen zusammensetzt und zu allen möglichen Täuschungsmanövern führt, ist mit der Sehnsucht verbunden, das zu haben, was uns versagt wird: einen Ort, eine Gemeinschaft, zu der wir bedingungslos, vorbehaltlos, *selbstverständlich* gehören.

Denn wir offensichtlich Fremde sind prekäre Wesen, verletzlich in unserer Abhängigkeit von der öffentlichen Meinung, tatsächlich ist unsere Existenz selbst zutiefst öffentlich: Unsere Zukunft wird öffentlich verhandelt, unsere Familienplanung, all die Dinge, die man normalerweise als Privatangelegenheiten betrachten würde, werden bei uns mit aller Selbstverständlichkeit öffentlich debattiert, die Religion (welche, warum diese und wann ist zu viel Religion zu viel?), die Anzahl der Familienmitglieder (wie viele, warum und wann sind es zu viele?), die Rolle der Ehefrau (das Ausmaß ihrer Emanzipation), die Rolle des Ehemannes (das Ausmaß seiner Emanzipation), die Rolle der Kinder (ihre Fähigkeit sich zu integrieren), die Erziehung der Kinder (ihre Schulnoten), der Schulerfolg der Kinder (ihre berufliche Zukunft), die Berufswahl der Jugendlichen und jungen Erwachsenen (belasten oder entlasten sie den Staatshaushalt?). All dies sind Unterthemen des großen Themas: *das Ausländerleben*. Dabei geht man meistens davon aus, dass ein Ausländerleben in bestimmten Stadien verläuft, wenn dies einmal nicht der Fall ist, führt dies zu Verunsicherung –

und zu Schlagzeilen. Man könnte fast meinen, ohne diese Form der Überthematisierung hätten die Medien sehr viel weniger zu schreiben; Ausländer sind *Celebrities* der anderen Art, (fast) auflagenmächtiger.

Für die Philosophin Beate Rössler gilt dann etwas als privat, wenn man selbst den Zugang dazu kontrollieren kann. Den Wert des Privaten verbindet sie mit Autonomie: »Was ich zu plausibilisieren versuche, ist, dass wir Privatheit deshalb für wertvoll halten, weil wir Autonomie für wertvoll halten und weil nur mit Hilfe der Bedingungen von Privatheit und mittels Rechten und Ansprüchen auf Privatheit Autonomie in all ihren Aspekten lebbar, in allen Hinsichten artikulierbar ist.«[4] Nur im Privaten, behauptet Rössler, kann man selbst und autonom bestimmen, welche Prioritäten man für sich setzen, welche Entscheidungen man für seine Zukunft treffen möchte, sie geht sogar so weit zu sagen, dass Privatheit unbedingt notwendig sei, um autonom zu sein; auch für die Entwicklung unserer Identität sei Autonomie, somit Privatheit unabdingbar.

Ich behaupte nun, dass Ausländern im Speziellen und Angehörigen von Minderheiten im Allgemeinen das Recht auf eine Privatheit, wie sie die Mehrheit selbstverständlicherweise besitzt, verwehrt ist. Wir haben nicht das Recht, in Ruhe gelassen zu werden, wir müssen oft genug um das Recht streiten, als Individuen behandelt zu werden, nicht als Gruppenmitglieder bzw. Repräsentanten. Die Überwachung ist ein Zustand, an den wir uns gewöhnen müssen, denn sie ist real und unmaskiert: Wenn es um uns geht, ist Überwachung und das Recht auf Überwachung kein

Thema, die Frage ist bloß, in welchem Ausmaß. Selbst wenn wir eingebürgert sind, den Prozess der Assimilation abgeschlossen haben, also keine Fremden mehr sind, sondern theoretisch zur Mehrheit gehören, bleibt unsere Situation eine prekäre, denn dieses *Recht auf Zugehörigkeit* kann uns jederzeit wieder entzogen werden, wir haben es uns ja nicht durch unsere ethnische Zugehörigkeit verdient.

Doch ohne Privatheit keine Autonomie, ohne Autonomie keine Freiheit, denn sie ist das *telos* der Autonomie. Ich stelle somit die Behauptung auf, dass wir, alle, die von der Mehrheit als Sichtbare gezeichnet sind, in unserer Autonomie, damit letztlich in unserer Freiheit, auch in unserer Freiheit entscheiden zu dürfen, wer wir sind, eingeschränkt sind. Wir sind einer ständigen Durchleuchtung ausgesetzt, wobei der Blick der Mehrheit vorgefassten Definitionen folgt, es sind diese Regeln, die uns sichtbar machen, wir sind keinesfalls ursprünglich, *natürlich* sichtbar. Die menschliche Seele aber, schreibt Byung-Chul Han, brauche Sphären, in denen sie ganz bei sich sein könne, ohne den Blick des Anderen: »Eine totale Ausleuchtung würde sie *ausbrennen* und eine besondere Art *seelischen Burnouts* hervorrufen.«[5]

Natürlich, der Fremde, *das* Fremde ist beängstigend; das weiß ich, weil ich nicht zwischen, sondern auf allen Stühlen sitze. Und diese Angst sollte man niemals abschätzig betrachten, schließlich erfüllt sie eine ähnliche Funktion wie Schmerz: Sie zeigt die eigenen Grenzen auf. Doch der Fremde wird seine Fremdheit niemals ablegen können, wenn man ihn mit dem Blick der Mehrheit betrachtet –

zum Abschluss möchte ich Ihnen einen anderen *Blick* schenken: 1978 wohnte mein sechsunddreißigjähriger Vater kurzfristig in einem kleinen, spärlich möblierten Raum in einem Studentenwohnheim in Heidelberg. Es war seine erste Woche in Deutschland, ja, in Europa, es war ein Samstag, und in diesem Zimmer befanden sich bloß ein Bett, ein Tisch, ein paar Kleider, ein Koffer, seine Staffelei, die Pinsel und die Ölfarben. Er war nicht einkaufen gegangen, denn er hatte nicht gewusst, dass am Wochenende alle Geschäfte geschlossen haben würden, und im Wohnheim war es gespenstisch leise; er war der einzige Mieter. So saß mein Vater, etwas ratlos und sehr hungrig, vor der einzigen Verpflegung, die er noch hatte: vor einer leuchtend gelben Banane.

Später erzählte er mir, es sei die süßeste Banane gewesen, die er jemals gegessen habe.

Anmerkungen

1 Wolfgang Welsch, *Ästhetisches Denken*, Stuttgart, 1991, S. 58
2 Frantz Fanon, *Black Skin, White Masks*, New York, 1967
3 Siehe etwa Young-Hee Kim, *Sozialisationsprobleme koreanischer Kinder in der Bundesrepublik Deutschland*, Opladen, 1986.
4 Beate Rössler, *Der Wert des Privaten*, Frankfurt/Main, 2001, S. 26
5 Byung-Chul Han, *Transparenzgesellschaft*, a.a.O., S. 8

Ausgewählte Literatur

Susan Berk-Seligson, *Coerced Confessions. The Discourse of Bilingual Police Interrogations*, Berlin/New York, 2009

Philip Bobbitt, *The Garments of Court and Palace. Machiavelli and the World That He Made*, New York, 2013

Otto Depenheuer, *Selbstbehauptung des Rechtsstaates*, Paderborn, 2007

Frantz Fanon, *Black Skin, White Masks*, New York, 1967

Duncan Forbes (Hg.), *Edith Tudor-Hart. Im Schatten der Diktaturen*, Ostfildern, 2013

Michel Foucault, *Der Wille zum Wissen*, Band I, Frankfurt/Main, 1977

Max Frisch, *Homo Faber*, Frankfurt/Main, 1957 (2011)

Byung-Chul Han, *Transparenzgesellschaft*, Berlin, 2012

Barbara Honigmann, *Ein Kapitel aus meinem Leben*, München, 2006

Barbara Honigmann, *Damals, dann und danach*, München, 2012

Jeff Jarvis, *Mehr Transparenz wagen!*, Köln, 2012

Peter Stephan Jungk, *Die Dunkelkammern der Edith Tudor-Hart*, Frankfurt/Main, 2015

Jaron Lanier, *Der High-Tech-Frieden braucht eine neue Art von Humanismus*, siehe: http://www.friedenspreis-des-deutschen-buchhandels.de/819312

Michael Niehaus, *Das Verhör. Geschichte – Theorie – Fiktion*, München, 2003

Jo Reichertz/Manfred Schneider, *Sozialgeschichte des Geständnisses. Zum Wandel der Geständniskultur*, Wiesbaden, 2007

Beate Rössler, *Der Wert des Privaten*, Frankfurt/Main, 2001

Helmuth Schmidt, *Zorn und Trauer. Als politischer Gefangener in Zuchthäusern der DDR*, Hamm, 2006

Ilija Trojanow/Juli Zeh, *Angriff auf die Freiheit. Sicherheitswahn, Überwachungsstaat und der Abbau bürgerlicher Rechte*, München, 2012

Alexander Weißberg-Cybulski, *Im Verhör. Ein Überlebender der stalinistischen Säuberungen berichtet*, Wien–Zürich, 1993

Wolfgang Welsch, *Ästhetisches Denken*, Stuttgart, 1991

Peter Wright, *Spycatcher: The Candid Autobiography of a Senior Intelligence Officer*, New York, 1987

Die Dokumente aus der Geheimdienstakte zu Edith Tudor-Hart werden in den britischen *National Archives* aufbewahrt, wo sie auch eingesehen werden können, und unterliegen dem Crown copyright.